INHALT

POEMiE™

Tom de Toys

RADIKALE RESILIENZ

Das Tabu der Psychiatrie
Teil 2: Der Nondualist

Gastbeiträge für die Liga der Leeren

2021-2025

Hrsg. G&GN-INSTITUT
© *www.ÜBER-ICH.de*

Das Tabu der Psychiatrie ist das EGO, dem die Psychiater wie einem transzendentalen Gott huldigen. Wenn sich Atheisten wundern, wie die Menschheit einem metaphysischen Phantom verfallen konnte, so vergessen sie <u>das URTABU, aus dem heraus die Erfindung eines Gottes nur möglich war: das EGO</u>. In einigen Jahrhunderten wird sich die egobefreite Menschheit fragen, wieso wir eine psychische Meta-Instanz benötigten, um mit dem Leben klar zu kommen. Für unsere Nachfahren wird rückblickend erkennbar sein, dass wir einem ähnlichen Wahn wie dem Gotteswahn verfallen waren: dem **IDENTITÄTSWAHN**. <u>Jetzt wird deutlich, wie deckungsgleich die Dogmen der Spiritualität und der Psychiatrie sind, weil beide Disziplinen auf dem Irrtum basieren, es gäbe ein Ego, das entweder meditativ aufgelöst oder medikamentös in Balance gebracht werden müsse!</u> Da es sich bei einer mystischen Erfahrung weder um eine Psychose durch Dissoziation handelt noch um echte Ego-Auflösung, sondern um die Überhöhung eines realitätsvermeidenden Ich-Anteils zur (heilsamen oder hilflosen) Relativierung anderer, richtet sich meine Kritik gleichermaßen an die Spiritualität wie auch an die Psychiatrie: ganz egal, ob Du Dein Ego loswerden oder pflegen willst, Du bist in beiden Fällen ein Ego-Gläubiger, der sich mit einer Erfindung beschäftigt, die ihn davon abhält, DAS ECHTE LEBEN ZU SPÜREN! Das EGO erzeugt Seinsvergessenheit. Das Ego IST das Trauma.

Tom de Toys wurde am 24.1.1968 als Thomas Holzapfel in Jülich geboren. Ihm wurden drei Diagnosen attestiert: 1988 *"Verdacht auf Borderline-Syndrom"*, 2010 *"Somatoforme Schmerzstörung"* und 2014 *"Verdacht auf bipolare Störung"* (mit ungewöhnlich langer manischer Episode, nämlich 3 hyperkreative Jahrzehnte), aber **dank der Auflösung der Ego-Illusion "leidet" er nicht unter den Symptomen, sondern analysiert die Folgen des Egofanatismus.** Schon seit einer mystischen Erfahrung am 5.5.1989 vertritt er die neuroatheistische Lebensphilosophie des Lochismus. Aus diesem *"perinzendentalen"* Existenzgefühl entwickelte De Toys den Begriff der *"Grundlosen Inwesenheit"*, die den Dualismus in einem Spürsinn überwindet. In seiner essayistischen Antiprosa umkreist er die "letzten" Fragen nach dem Ich, Gott und dem Sinn des Lebens. Seine transreligiöse Neuropoesie beschreibt ekstatische Erkenntnisse im Zustand totaler Gegenwart. Gemäß seiner Klavierreform *"DAS DESINTERESSIERTE KLAVIER"* von 1986 spielt er seit 2019 Nondualjazz. Seit 2023 arbeitet er als Chauffeur für Trauergäste auf dem Düsseldorfer Nordfriedhof. / Lebenslauf: www.TomDeToys.de & www.TomHolzapfel.de

Das **G&GN-INSTITUT** (eigentlich: *"Institut für Ganz & GarNix"*) wurde 1990 gegründet und dient dem Maler, Dichter, Performer, Pianist, Digitalfotograf, Videoproducer, Socialmedia-Redakteur, Kulturmanager, Moderator, Rezitator und Liveliteraten Tom de Toys als Label, um seine Werke zu publizieren und Kulturprojekte mit Kollegen zu organisieren. / www.G-GN.de

ISBN: 978-3-7597-5259-8
ORIGINALAUSGABE 21. MÄRZ 2025
© POEMiE™ @ G&GN-Institut (Tom de Toys: Essays, Lyrik, Kunstwerke, Fotos)
Verlag: BoD · Books on Demand GmbH, Überseering 33, 22297 Hamburg, bod@bod.de
Druck: Libri Plureos GmbH, Friedensallee 273, 22763 Hamburg

20.8.2023
SPIRITUALITÄT (SINNSUCHE) & TRANSRELIGIOSITÄT (SOSEIN)

7.1.2024
NARRKOSEN STATT LIEBKOSEN

5.-8.6.2024
DAS GEREDE VOM GÖTTLICHEN
(ÜBER GURUS, YOĞURT & YOGA)

11.7.2024
KLEINES & GROßES WUNDER
(KURZE ERLEUCHTUNG & EWIGES AUFWACHEN)

25.7.2024
DAS ERWACHEN ZUR TOTALEN REALITÄT
(EINE MEDITATION DER ICHLOSEN PRÄSENZ)

4.7.2024
DIE ESSENZ DES ERSTEN NONDUALEN ANALOGEN DIALOGS

15.7.2024
DIE ESSENZ DES ZWEITEN NONDUALEN ANALOGEN DIALOGS

25.8.2024
DIE ESSENZ DES DRITTEN NONDUALEN ANALOGEN DIALOGS

24.8.2024
NONDUALE NAMENLOSIGKEIT
(ODER: WARUM ICH KEIN GURU GEWORDEN BIN)

13.9.2024
MEDITATION ÜBER DAS GANZE
(POETOLOGIE DER ICHLOSIGKEIT)

Juni 2024
1. LDL-Gastautoren-Interview: Tom de Toys
TRANSPERSONALES TRAUERTAXI

NEUROPOESIE

8.2.2021
NICHTS ZU VERB(U)ERGEN
(SATSANG STATT SACHZWANG)

13.6.2021
DAS NIEMANDGEBET
(ODER: NIEMAND BETET)

25.8.2022
DIE ÜBERWINDUNG DER URSCHIZOPHRENIE

1.11.2022
SPIEGELLOSE REALITÄT
(DIES IST KEINE MEDITATION)

30.12.2022
NAMENLOSE

27.7.2024
RADIKALE RESILIENZ
(WARUM MAN GERNE AUF DEM FRIEDHOF ARBEITET)

17.2.2025
KEINE DATENRETTUNG MÖGLICH
(BEI MECHANISCHEM DEFEKT)

GASTBEITRAG

2005
Christian Holzapfel: Wer bin ich

"Diese Botschaft ist der Kern aller spirituellen und esoterischen Lehren, aber solange da jemand herumtanzt, wird es zur Religion, zur Lehre, zum Konzept, zu etwas Persönlichem. Einheit wird zu etwas, das noch nicht ist, aber von jemandem erreicht werden kann. Die Mischung aus Einblick und Person schafft Spiritualität. Da sehr viele einen oder mehrere Einblicke hatten, sehr wenige aber tatsächlich verpufft sind, gibt es wahnsinnig viel Literatur zu Spiritualität, aber nur relativ wenig Literatur zu dieser Botschaft. Es gibt sie, aber nicht in der Häufigkeit wie persönliche Botschaften.
Andreas Müller, in: FREIHEIT (2017)

"Es ist, als wären wir selbst das Loch im Taschentuch; wir sehen die andere Ecke vom Taschentuch und denken, wie angenehm es doch wäre, unsere Leere mit ihr auszufüllen. So schneiden wir sie aus und füllen uns damit an, nur um herauszufinden, dass wir nun das neue Loch sind – der unsichtbare blinde Fleck im Universum. Der Trugschluss der Dualität."
Alan Watts, in: DIE SANFTE BEFREIUNG
(1939, DIE BEDEUTUNG DES GLÜCKS)

"Auch heute noch blickt der Realist nur nach außen und ist sich nicht bewusst, ein Spiegel zu sein. Auch heute noch blickt der Idealist nur in den Spiegel und kehrt der realen Außenwelt den Rücken zu. Die Blickrichtung beider verhindert sie zu sehen, dass der Spiegel eine nicht spiegelnde Rückseite hat, eine Seite, die ihn in eine Reihe mit den realen Dingen stellt, die er spiegelt: Der physiologische Apparat, dessen Leistung im Erkennen der wirklichen Welt besteht, ist nicht weniger wirklich als sie."
Konrad Lorenz, in: DIE RÜCKSEITE DES SPIEGELS (1973)

"So wie das Universum unser Bewusstsein produziert, so ruft unser Bewusstsein das Universum hervor, und diese Erkenntnis transzendiert und beendet die Debatte zwischen Materialisten und Idealisten (oder Mentalisten), Deterministen und Verfechtern des freien Willens, die das Yin und das Yang in den philosophischen Ansichten vertreten."
Alan Watts, in: DER LAUF DES WASSERS (1975)

DIE POETOLOGIE DES LOCHISTISCHEN "KONTAKTISMUS"

SELBSTPOETISIERUNG OHNE SELBST: Allein die Behauptung, der *"Geist"* sei (schon immer) *"leer"*, zeugt bereits von der Urschizophrenie, die auch Gurus anhaftet; denn der Glaube, es gäbe überhaupt Geist unabhängig von Gedanken (als sei die Leere ein apriorisches Objekt, das ein *"gedankenloser"* Guru als erleuchteten Anti-Gedanken besitzen könne!), ist bereits spirituell psychotisch, aber gilt als allgemeingültiger Konsens in allen spirituellen Schulen! Das absurde Problem des angeblichen *"Entfremdungsgefühls"* (nicht *"eins mit allem"* zu sein) rührt in Wahrheit von der kollektiven Konditionierung des Geistes auf die soziologische Ego-Konstruktion mithilfe der Erfindung des grammatischen *"ICH"*-Wortes. Dadurch redet der Geist permanent über/mit/für/von sich selbst und meint, er müsse sich selbst loswerden, um wieder unendlich, frei, grenzenlos, erleuchtet und was sonst noch alles (je nach esoterischer Ausrichtung) zu werden (geistlos? ja, befreit von allen Geistern!) anstatt zu erkennen, dass die **WAHRNEHMUNG AN SICH eine absolut instanzlose, egofreie Angelegenheit** ist, die eine wundervolle Kompetenz im Laufe der menschlichen Evolution (also nach heutigem wissenschaftlichem Stand in 300.000 Jahren) entwickelt hat: das SPRECHEN mithilfe von symbolischer SPRACHE, von Wörtern, die einen Spiegel sowohl der selbsterfahrenen als auch unerlebten (hypothetischen) Wirklichkeit darstellen.

"WER" durch Zufall oder einen Schicksalsschlag oder dank eines psychotherapeutischen Prozesses plötzlich aus dieser bombastischen Ichwort-Illusion *"aufwacht"*, der spürt etwas schockierend Unerwartetes (und so gar nicht Gewolltes, weil es vorher schlichtweg unvorstellbar war!): dass es diesen WER, dieses Ego, diese Person als individuelles Ich gar nicht als GEIST gibt, sondern lediglich als materielle, körperliche, sinnliche Präsenz! Die Tabuisierung der eigenen Sinnlichkeit als Maya/Matrix (was übrigens genauso erzkatholisch wie auch neoadvaitaistisch passiert!) im vermeintlichen Gegensatz zu irgendeiner göttlichen Transzendenz dient der traditionellen, kulturenübergreifenden Massenhypnose und demütigen ABLENKUNG DES GEISTES von seiner neurobiologischen Ekstase! **Das Heimkehren der Wahrnehmung in die TOTALE REALITÄT DES ONTOLOGISCHEN ECHTSEINS IM PERMANENTEN JETZT ist derart trivial, simpel und ohne lebenslängliche Meditation möglich (kein Kōan braucht von niemandem geknackt zu werden: da ist NIEMAND zum Knacken!!!)**, dass dieser historische Augenblick des erstmaligen Insichruhens und Aussichherausschauens der Selbstwahrnehmung ohne Selbst zu einem Lachanfall des sich auflösenden Ego-

gefühls führen kann, gleichzeitig aber auch zu einer tiefen, stillen Sprachlosigkeit, die mitunter Stunden oder auch Wochen andauern kann, bis wieder geredet wird, weil sich der Geist nun zunächst einmal daran gewöhnen muss, KEIN PROBLEM MEHR zu haben, weil niemand mehr *"in ihm"* wohnt (das Ego war quasi ein Parasit oder Virus), der etwas *"haben"* kann/will, sondern nun nur noch **das Denken selbst denkt, was automatisch gedacht wird**, wenn auf die Wahrnehmung Eindrücke einströmen, für die bereits Wörter erfunden wurden.

Ereignet sich für diesen befreiten Geist etwas, für das er noch keine Worte findet, beginnt er kreativ zu werden: das ist **die Geburt der Poesie aus dem Geiste der Ichlosigkeit!** Jetzt ist der Mensch zum Poet mutiert, ohne dafür *"jemanden"* beglückwünschen zu können. Hier beginnt die poetische Innovationskraft des namenlosen Geistes, der nur noch die Dinge des Lebens benennt, die mit ihm derart intensiv kommunizieren, dass sie automatisch zu Wörtern führen, um sie zu benennen. Die Poesie dient dann der nanopsychologisch-neurobiologischen Konkretion der Seinsfühlung anstatt die zivilisatorischen Lügen des Egos zu reproduzieren. Auf einen Slogan gebracht könnte diese geistige Aktivierung lauten: **GEIST STATT GOETHE!** (denn wirklich geistlos ist jeglicher Dualismus des von sich selbst entfremdet geglaubten Geistes, der sämtliche Klassiker durchzieht, aber auch heute noch immer zu neuen psychotischen Klassikern führt, die von solchen Lesern als *"genial"* deklariert werden, die selber das Leben nur aus ihrer vergeistigten Egoblase heraus wahrnehmen). Apropos "Psychose": der Essay über die *"SPIRIPSYCHOSE"* ist auch im 1.Buch ***"DAS TABU DER PSYCHIATRIE"*** enthalten...

REVOLUTION DER SINNE

EINEM UNBEKANNTEN BRUDER GEWIDMET, DESSEN "ICH" DIE RICHTIGEN FRAGEN STELLTE, SOGAR DIE "LETZTEN" ANTWORTEN SELBER KANNTE – UND TROTZDEM DIE "ICHLOSIGKEIT" SCHEUTE

Von der doppelten befreiung: die ankunft im enttraumatisierten körper-ich durch die auflösung des abgespaltenen egos, das nur der schmerzverdrängung diente, ist das eine, das nämlich therapeutisch erreicht werden kann. Aber ein gänzlich anderes ist es, darüber hinaus sogar die unendliche leere als nichtexistenz der sinnlichen präsenz deckungsgleich zu ihrem dasein wahrzunehmen, was durch eine mystische locherfahrung geschieht. Diese kann einem unabhängig von traumata und den neurotischen egopanzern widerfahren und hat nicht notwendigerweise einen heilsamen effekt auf das ego, sondern führt nur dazu, dass dieses darüber geschockt ist und sich womöglich noch tiefer in seine selbstsuche verstrickt anstatt zu verpuffen, obwohl es gesehen, gespürt und erkannt hat, dass es genau so leer wie die restliche materie des universums ist! **Diese unendliche leere, aus der das universum besteht, führt beim lochisten dazu, dass er an keine urknall-theorie glauben kann, obwohl sie heutzutage rein wissenschaftlich angeblich am wahrscheinlichsten wirkt.** Denn das reale erleben der nichtexistenz alles seienden im erweiterten bewusstseinzustand gleichzeitig zu seinem da-sein wirkt zwar für den verstand unlogisch und paradox, aber wer eine solche mystische erfahrung macht, hat etwas gespürt, das über das denken hinaus geht, und wird dieses erlebnis niemals wieder vergessen oder verleugnen können, auch wenn ihm niemand (noch nicht einmal er sich selbst!) glauben schenkt. Mögen zukünftige generationen herausfinden, warum es keinen urknall gab, obwohl alle messwerte dafür sprechen, und **warum das ewige sein gleichzeitig NICHT ist so wie das loch...**

Bei einem sogenannten *"spirituellen sucher"* besteht die sehnsucht nach *"leere"*, um das (aus seiner sicht) *"abgespaltene"* ich loszuwerden, das für unsere zivilisation so fundamental ist, um identität zu behaupten anstatt im nullyogischen sinne *"identisch"* zu sein. Alles kann zwar vom ich rein rational, logisch, sprachlich, sogar sehr akribisch akademisch verstanden werden, aber trotzdem bleibt die entscheidende frage noch nicht bis zur letzten zufriedenheit beantwortet: **WER ist es, der all das als *"person"* denkt** und erkennt? Da es sich (aus ichbefreiter sicht) nur um eine rein rhetorische frage (und keine eines esoterischen besserwissers) handelt, die zudem in spirituellen kreisen gern und oft gestellt wird, vor allem von breit grinsenden gurus, die ihr geheimnis für viel geld doch nicht lüften, beantworte ich sie auch selber (denn ich bin weder ein guru noch habe ich ein geheimnis): **da ist niemand, der *"deine"* probleme hat, da ist nur DEIN ICH, das sie hat.**

Diese totale disidentifikation ist keine *"erfahrung"*, die unserem *"ich"* widerfährt, sondern sie bewirkt, dass wir uns endlich wieder als LEBENDIGES FLEISCH UND BLUT FÜHLEN MIT EINER DENKFÄHIGKEIT, DIE BIS INS UNENDLICHE REICHT. Dazu war das ich nicht fähig, da es immer nur an sich herunterschaute und *"körper"* SAGTE anstatt körper zu SEIN. **Sich von INNEN zu spüren ist etwas anderes als zu glauben, das WORT *"ich"* wäre ein organ oder gar eine bewusstseinszentrale. Es ist nur ein wort, das von unserem denken kreiert wird.** Mehr ist das ich nicht. Uns wurde anerzogen, es superernst zu nehmen, uns von ihm abhängig zu machen und ohne das wort nicht lebensfähig zu sein. Dabei fängt das leben erst so richtig fett an, wenn es futsch ist! Dass es indes wieder zurückkehrt, davon habe ich noch nie gehört, außer von spiris, deren ich gar nicht wirklich aufgelöst war, sondern nur im über-ich-objekt *"leere/nichts"* nach zen zu stinken begann.

Lass dein ich einfach beiseite und feier die anwesenheit! Es ist nicht möglich, *"sein"* problem zu lösen, keiner kann das, kein megaguru, kein weisheitslehrer, kein bewusstseinscoach – alles nur idioten, die glück hatten, nach langen odysseen wieder zu spüren, dass da niemand ist, der ein problem hat. Nur das *"ich"* hat probleme. Das ich schafft sich seine sorgen. Der identitätslose, in seiner anwesenheit ruhende, unendliche mensch, der DU BIST, ohne dass jemand in dir *"ich"* zu sich selbst sagt, **dieser echt vorhandene mensch, der einfach bewusstsein der existenz seiner präsenz ist**, DER HAT KEIN PROBLEM, sondern gießt die blumen, damit sie nicht vertrocknen, und schaut in den himmel, weil die augen für's schauen gemacht sind. Jed McKenna, Alan Watts etc pp: alle wussten bescheid, aber die spiriszene braucht gurus, die sich *"erleuchtet"* aufblasen, als ob die ichlosigkeit etwas exklusives sei und dafür goldmedaille mit heiligenschein verdient hätte.

NO PERSON, NO ENLIGHTENMENT, NO CRY!

Beobachte, wie dein ich (gedanken)objekte schafft, an die es sich klammert, und lehn dich entspannt zurück: es ist nur dein ich, das sich selbst beschäftigt, während du den geschmack des kaugummis errätst, die duftnote des badewassers erkennst, und die schnürsenkel bindest. Das leben besteht nur aus kaugummi, badeduft und schnürsenkeln. Dem ich gefällt das nicht, es jammert, weil es sich nicht selber sehen kann. Das ist im grunde vergleichbar mit den katholiken, die an gott glauben, obwohl der kein objekt sein darf, sonst wäre er ja nicht gott. Also verehren sie das objekt gott als *"nichtobjekt"*. **Das ich verehrt sich selber auch als nichtobjekt. Sag deinem ich, es sei nur ein WORT und es wird dich dafür hassen und behaupten, du seist ein anderes, zweites selbst-ich, das ihm seine macht absprechen will!** Wenn du dann bemerkst, dass dein ich ins leere wütet, weil DU kein ich bist, das sich angegriffen fühlen könnte, DANN kann diese *"abgespaltene"* ego-stimme vor sich her labern – *"ich, ich, ich"* –, ohne dass DICH DAS interessiert. Du hörst dann dein ich mit sich selber reden, so wie deine augen zum himmel schauen, der aus wolken besteht. Eine wolke, noch eine wolke: viele wolken ergeben 1 himmel. Niemanden interessiert der himmel. Deine augen wohnen auf der erde, stehen auf der nächtlichen wiese und zählen sterne. Niemand interessiert sich für sterne. Jeder stern ist ein ich, das leuchtet, jede wolke ist ein ich, das vorüberschwebt, jedes ich ist ein ich, das mit sich selber redet. ABER DU, DU STEHST VERWURZELT IM ERDBODEN, und betrachtest diese wolken und sterne einfach nur. **DU bist nur der reale ichlose mensch, der das alles wahrnimmt.** Wenn dein ich diese freiheit *"von sich selbst"* nicht verkraftet und darüber aus purer verzweiflung selbstmord begehen möchte, dann LACH ES AUS, VERLACH ES, VERSPOTTE ES UND GIB IHM KEINE MACHT ÜBER DIE VERRÜCKTE EKSTASE DES LEBENS, DIE KEIN ICH BRAUCHT, UM DA ZU SEIN! **WER BRAUCHT SCHON EIN NERVTÖTENDES ICH? WER? DA IST NIEMAND, DER SOWAS BRAUCHT! GEATMET WIRD AUCH OHNE DAS ICH!** GEATMET, GEGESSEN, GELAUFEN, GESCHLAFEN: DAS LEBEN PASSIERT IN JEDEM AUGENBLICK VON ALLEINE, es ist in seiner unendlichkeit absolut *"alleine"* im sinne von gottlos, überichlos, transzendenzfrei. Lass die erhoffte leere, wo sie hingehört: im eisfach der spiris/gurus, deren ich sich gerne von tiefgefrorenem nichts ernährt.

Diejenigen, die *"psychische strukturen"* verhöhnen, haben psychosynthetisch formuliert 1 ichanteil 100% in das leere-objekt reinprojiziert, um sich vor anderen ichanteilen zu schützen (traumata, normale emotionen, wünsche, bedürfnisse, eben alles, was zum menschsein gehört). Sie glauben dann, erleuchtete zu sein und bilden sich ein, das leere-ich sei kein ich. Das ist der typische spirikomplex (die *"spiripsychose"*), der all die mega selbstbewussten gurus befällt, die in ihrem aufgeblasenen wahn nicht kapieren können, dass es kein zentrales ich gibt, sondern nur ich-anteile, die sich als solches aufspielen. Die spirigurus kennen kaum solche ansätze wie die psychosynthese und richten sich finanziell in ihrem leere-ich ein. Sie MÜSSEN aus ihrer logik jeden verhöhnen, der unter seinem ich leidet, weil sie es selber tabuisieren.

Das VERLACHEN des eigenen ichs im suizidalen notfall ist dagegen nicht arrogant gemeint, sondern nur als technik der disidentifizierung zur provisorischen selbstrettung – und ob es funktioniert, ist wahrscheinlich bei jedem anders. Da ich selber 2 jahrzehnte lang mit krassen psychischen strukturen zu kämpfen hatte, war das *"verpuffen"* der inneren ich-stimme eine wirkliche überraschung für mich, eine sensation, die mich total erstaunt hat, weil auch ich vorher immer dachte, mein *"erleuchteter"* ich-anteil sei ein zenmeister, der zwischendurch einfach verschwindet, wenn psychos zu dominant werden. **Dass der erleuchtete zenmeister SELBER ein *"psycho"* ist, wurde erst deutlich, als keine person mehr da war, um sich irgendwie definieren zu wollen,** sondern nur noch denken, das denkt, und augen, die schauen, wie es Alan Watts sinngemäß sagte. Watts ist der einzige, den ich immer gerne las, wenn mein ich sich verstehen wollte, alle anderen halfen nur bis zu einem bestimmten punkt, aber mit Watts erlebte mein ich immer durchbrüche in echte erkenntnisse. Ich bin sehr dankbar, dass dieses ganze spektakel, dieses drama des ichs bei mir endlich vorüber ist, und ich genieße dadurch ALLE *"gemütsregungen"* erst richtig volle kanne 200%, weil sie nicht mehr von ichs *"verwaltet"* werden, sondern nur noch das sind, was sie sind, also *"identisch"* mit sich statt mit einem ichgefühl. Soll heißen: für mich gibt es keine verteuflung psychischer strukturen, sondern nur die wunderbare befreiung von dem ichgefühl, das aus ihnen eine identität macht: DER liebende tom, DER böse tom, DER erleuchtete tom, DER psycho-tom. Da ist kein tom mehr, der irgendwas ist, sondern mein existenzielles *"seins-urgefühl"* (in abwandlung des begriffs *"seinsfühlung"* von karlfried graf dürckheim, der letztlich auch dualist blieb und sich als *"weise person"* einrichtete) spürt alles tabulos, was passiert. Wenn jemand mich fragt, wie das geht und wie man das erreicht, dann tritt diese hilflosigkeit ein, weil man es selber erlebt hat, dass das *"gnade"* war (aber auch hartnäckiges dranvorbeiarbeiten, bis das ich weichgeklopft war!) und **niemand da ist, der erreichen kann, *"niemand"* zu sein.**

Die krankenkassen genehmigen nur gesprächstherapien, **obwohl der mensch sein KÖRPERGEFÜHL wiederfinden muss, sein sichvoninnenfühlen, sein SPÜREN des seins, des ganz konkreten daseins,** saftig, regenfeucht, schweisstriefend. Sextherapie, ganzkörpermassagen, arbeitstherapie: alles, was tief in die materie, ins fleisch, in die zellen geht, ist weit wirkungsvoller als alle **labertherapien, die das ich nur stabilisieren und ausbalancieren, anstatt ihm seine eigene hohlheit BEWUSST zu machen.** Die gurus dagegen meditieren sich nicht in ihren körper, sondern noch weiter raus in einen idealistischen und ideologischen geistspuk... und gewonnen hat bei dieser guru-challenge dann der, der den besten spuk abliefert – alle anderen sind natürlich erbärmlich unerleuchtete demütige schüler. Aber die gurublamage entpuppt sich nach manchmal jahrelangen sitzungen, satsangs und sonstigem singsang als verdrängte angst vor dem gefühl, sich von innen zu spüren. EINSAMKEITSGEFÜHLE, TRAURIGKEIT ÜBER DIE VERGÄNGLICHKEIT des lebens, verlorene große lieben, der tod geliebter nahstehenden etc pp sowie der SCHMERZ DARÜBER sind der grund dafür, alles zu verdrängen und den gefühllos befreiten, losgelösten geist zu spielen, der sich einbildet, es gäbe eine *"nondual"* ABGESPALTENE ewigkeit (wie absurd und anti-nondual!), in der ein heiliges über-ich wohne. Aber was diese bornierten abzocker nicht wissen (oder profitgeile sektenführer sogar vorsätzlich verschweigen), ist dass die ganze emotionalität erst OHNE ich so richtig durchkommt und sich endlich wie woodstock, weihnachten und der urknall anfühlt! Wer sich diesem neonaiven, überwachen urzustand zumindest schon intellektuell annähert, möge sich selbst seinen hohen, anstrengenden (bzw *"angestrengten"*) anspruch an den erkenntnisprozess verzeihen, mit dem er sich mit solchen (scheinbar psychotischen, aber in wahrheit transpersonal-spirituellen) existenzproblemen abquält, und sollte sich ruhig einmal ein wenig selbstliebe und selbstwertschätzung für die bereits geleistete geistige arbeit erlauben. Denn das paradoxe unterfangen des ichs, sich selbst loslassen zu wollen, begleitet dich von anfang an auf der absurden und kostspieligen reise, auf der du immer deutlicher und deutlicher bemerkst, wie aussichtslos der versuch letztlich bleiben wird; denn: **WER will das ich eigentlich überwinden? Es ist DAS ICH selbst, das sich überwinden möchte! Ein schockierender zirkelschluss und teufelskreis. Aber erst nachträglich begreift der befreite mensch, dass er schon immer der überwundene war, trotz aller komplexe, neurosen, verwundungen und echten traumata.** Der schweregrad des verdrängten schmerzes mag mitunter beeinflussen, wie viele wunden nach heilung schreien, um kein ich zu benötigen, das das fühlen blockiert; denn erst im nachhinein kann der mensch aus seiner gewonnenen ichlosigkeit erkennen, dass kein einziger schmerz abgespalten, verdrängt und tabuisiert werden braucht, wenn es kein ich mehr gibt, das den schmerz auf sich bezieht und dadurch den ganzen mensch mit in den abgrund zerren will, wo einzig und allein das ich selbst hingehört! <u>Das ist der große, skandalöse denkfehler und darum behandlungsfehler im gesamten psychiatriesystem: das ich viel zu ernst zu nehmen und immer wieder **dem mensch zu suggerieren, er sei nur sein ich**, wodurch er an diesem (und nicht an dessen problemen!) letztlich zugrunde geht, wenn er sich nicht davon befreien kann!</u> Du, suchender, sehnsüchtiger, wagemutiger und verzweifelter bewusstseinsforscher, weck den schamanen in dir, der seine eigene therapeutische methode erfindet, und gönn dir die wildesten, schrägsten experimente, die helfen könnten! **Lass dich nicht von der hypnotisierten masse einschüchtern, die sowieso bis zum lebensende verdrängt, was zu groß und gewaltig anmutet** – may the force be with you!!! Bedank dich bei deinem gehirn, dass es so anspruchsvoll funktioniert – das ist purer luxus, umgeben von zombies...

Mach einmal den test, was passiert, wenn du dir einfach mal einen AUSTAG VOM GRÜBELN erlaubst: 1 tag ohne denken, ohne fragen, ohne irgendetwas zu wollen, ohne am momentanen zustand rumzunörgeln. Einfach nur als test: LASS DEIN ICH einfach links liegen, lass es allein mit sich und GÖNN DIR WAS! Das verrückte ist ja, dass das aufwachen rückwirkend/nachträglich als so simpel, so banal, trivial, naheliegend empfunden wird, dass man dann verwundert ist, warum man seinem ich überhaupt so viel aufmerksamkeit schenkte, und zwar völlig unabhängig davon, wie tief es in der scheiße steckte: **man hatte sich vom ich mit all seinen selbsterläuterungen einlullen lassen und nicht bemerkt, dass man nicht identisch mit dieser stimme im kopf sein braucht. Identisch bist du in echt mit ALLEM, was du IN ECHT bist.** Danach darf das ich wieder rumnörgeln. Aber genauso unbedeutend wie der pickel und der bierbauch. Alles ist einfach nur *"da"*. Dein ich hat natürlich jetzt recht: das klingt so spielerisch leicht. Es möchte keine leichtigkeit, es will höchsten schwierigkeitsgrad und dann eine hohe belohnung. Pawlow lässt grüßen! Mach einfach den test, lass dein ich alleine und gönn dir eine auszeit von seinen dualistisch-inflationären fragen, du hast nichts zu verlieren (außer das kalte *"nichts"* selber). Das verkopfte ich kann ja am nächsten tag trotzdem exakt dort weiterkrampfen, wo es aufgehört hat. Falls das dann noch sein wunsch sein sollte. Prüf einmal deine WILLENSKRAFT, für deine befreiung zu kämpfen, ob sie so stark ist, dass du dich regelrecht ZWINGEN kannst, das ich *"allein mit sich"* zu lassen, ihm quasi ein bein zu stellen. Auf jedenfall tu etwas körperliches, sinnliches, gerade WEIL dein ich das doof, unerleuchtet und überflüssig, sogar als *"ablenkend vom geistigen pfad zur erleuchtung"* findet.

Wenn therapie nicht den zweck der ego-auflösung haben soll, also nicht einem idealistischen *"spirituellen"* ziel dient, das gar nicht funktioniert, weil sich das ego nicht selber aktiv auflösen kann, sondern im kreis dreht und sich immer wie die schlange in den eigenen schwanz beißt, dann kann therapie durchaus NÄHER an die voraussetzung für befreiung heranführen, **falls sie nicht nur das ego stabilisieren (*"alltagstauglich"* und *"arbeitsfähig"* machen) will, sondern zu MEHR BEWUSSTHEIT führt:** dann ist es eine klärende psychowellness, die asymptotisch an den ereignishorizont heranführt, ohne allerdings jemals *"jenseits"* des egos anzukommen. Man darf einfach nicht etwas falsches erwarten/erhoffen, dessen paradoxie KEINEN weg ermöglicht, weil das ziel gar nicht am ende eines weges liegt, sondern im auflösen der dualistischen fata morgana aus weg & ziel. Denn: WER hat ein ziel? Das ich! WER geht einen weg dahin: das ich! Immer wieder und wieder ist es nur das ich. **Das ich HAT ein trauma, nicht der mensch an sich. Das ich ist verknotet, nicht der mensch. Das ich denkt kompliziert, nicht die SINNLICHE PRÄSENZ.** Du kannst deinem ich aufmerksamkeit schenken und ihm nette aufklärungsgeschenke machen. Das kann beruhigend wirken, aber nur für das ich! Mein persönliches subjektives schicksal hat mir gezeigt, dass sich das ich gar nicht an seinen traumata abarbeiten braucht, wenn es diese wirklich loswerden will, sondern die wahrnehmung/aufmerksamkeit WOANDERS hingelenkt werden muss: nicht mehr dem ich zuhörend, sondern man muss sich zum beispiel mal in die wiese legen und blumenduft atmen, sich unendlich tief in die sinne fallen lassen, um sinn zu SPÜREN und grundlose inwesenheit ohne ich-schranke. Wenn du dich genug im kreis gedreht hast, wirst du schwindelig, musst kotzen, und kommst zur ruhe. Dann kann die gnade passieren oder auch nicht. Dann geht's in die näxte runde. Drehen, schwindel, kotzen, ruhe. Endlos weiter. Bis das liegen in der blumenwiese und ATMEN geschieht.

DANACH weiß dein gedächtnis/verstand ganz viel über die geschichte und hintergründe seines ichs: warum es einen so nervte und warum es so wurde. Aber dann ist da niemand mehr, den das interessiert. Die biografie hat sich erledigt. Du wandelst als zeitloser unter uhrenmenschen und *"spielst"* deine ich-rolle, trägst dein ich-kostüm, lächelst nett zurück und lässt dein ich eine eigene meinung vertreten. Aber in wahrheit bist du gestorben und empfindest deine geschichte wie ein altes fotoalbum: wie du dich im urlaub am strand sonntest, wie du deinen partner küsstest, wie du mit kollegen vom job einen trinken gingst etc pp. **Das war der unerlöste roboter mit ich, das probleme hatte. Sein ich wollte ihm helfen und machte therapie. Sein ich erkannte, wie verkopft es war. Sein ich wusste sogar, dass es nicht existierte, sondern nur eine stimme war, die zu sich selbst redete. Aber der roboter MIT diesem ich hörte seinem ich ständig zu und wartete auf dessen neue vorschläge zur problemlösung.** Auf allen fotos im album sieht man ihn in allen möglichen situationen, wie er sein ich durch die gegend trägt und mit anderen inszeniert, die sich auch an ihr ich klammern. Alle unterhalten sich gut miteinander: *"Hallo, ich bin's."* *"Oh, hallo, ich auch!"* Das sagt auch Mister Smith in der Matrix, als er sich dupliziert: *"Bin ich!"*, *"Bin ich auch!"* Der ansatz der psychosynthese hilft zumindest dabei, den ich-mechanismus zu durchschauen: ein spiegelkabinett mit endlosen ich-anteilen, die sich gegenseitig erfinden und füttern! Aber irgendwann hilft es nicht mehr, dann passiert dauerübelkeit vom ewigen therapieren. Dann wird das ichspektakel schlichtweg langweilig. Das echte leben ruft! **Und dann geschieht unendliche leere, die sich selber durch deine sinne wahrnimmt. Im fernen hintergrund nuschelt noch leise das ich seine ewige leier, während im vordergrund die sinne spüren, wie unendlich leer sie selber sind. Da ist sie, die echte nonduale oneness! Von niemandem von außen als gedankenobjekt betrachtet, sondern reale eigenschaft der prickelnden sinne.** Und siehe da: die sinne hören das ich reden und schmunzeln: ja, auch das denken und reden und ich-sagen ist nur ein sinnlicher ausdruck der unendlichen leere. Sagenhaft! Alles macht von nun an einfach nur, was es macht: das ich denkt und redet, der atem fließt, der körper kocht sich essen, weil der magen knurrt und und und – ALLES IST JETZT IDENTISCH. Alle therapien vorher konnten das nicht erzwingen. Sie waren nur tranquilizer gegen die ängste, die das ich dem mensch aufzwingen wollte: *"Hey, du hast angst, sag ich dir! Tu was dagegen, sonst zerstör ich dich!"* **Die macht des ichs über den mensch ist schockierend grausam. Das ich ist ein diktator!**

DIE REVOLUTION DER SINNE KANN JETZT BEGINNEN!

Das missverständnis scheint für das ich undenkbar zu sein: dass GAR NICHTS VERSCHWINDET, SONDERN ALLES DA BLEIBT – außer das ich selbst! Alle zustände, psychos und ekstasen, gefühle, sorgen, mitgefühle: ALLES EXISTIERT WEITERHIN, WEIL DER MENSCH EBEN SO KONSTRUIERT IST, aber das ich fehlt dann, die person, identität, das ego, das alles auf sich bezieht, sprich: **alles *"darf"* (kann) endlich EINFACH SO AUS PUREM SELBSTZWECK geschehen anstatt auf eine komomandozentrale umgeleitet zu werden, die daraus ein *"identitätsgefühl"* macht.** Insofern hat die psychosynthese (und andere schulen) in gewisser weise recht, dass es diesen *"leeren beobachter"* gibt, nur der fehler liegt wieder darin, dass das ich meint, ein beobachter sein zu können und schon haben wir wieder den diktator in der mitte, der meint, ohne augen zu schauen. In wahrheit bricht das gesamte ich-spiegelkabinett komplett zusammen und es bleibt einfach die pure wahrnehmung übrig, und das klingt für das ich wieder unglaublich heilig, erhaben, erleuchtet, obwohl es absolut lächerlich simpel ist. Wirklich! Es ist entsetzlich, wie das ich alles, was *"nach ihm"* kommt, nur dualistisch missverstehen kann. <u>Die totale disidentifikation ist nicht der tod aller dinge oder das verschwinden der welt oder das auslöschen aller gefühle, sondern NUR (!) das verschwinden des ichs, DAS sich mit allem identifiziert,</u>

um eine person zu behaupten. Geometrisch *"lochistisch"* lässt sich das folgendermaßen darstellen: im kreis gab es einen mittelpunkt, der von sich linien zu allen punkten auf dem kreisrand zog und dann definierte, wie groß der kreis und was ein kreis überhaupt ist. Jetzt gibt es keinen punkt mehr in der mitte, wodurch auch keine anderen punkte als solche definiert werden, wodurch sich der schöne kreisrunde rand auflöst, zerfließt und stattdessen ALLE PUNKTE ÜBERALL RANDLOS VORHANDEN sind – aus dem kreis mit beobachter wurde das unendliche leere sein. Leer, weil kein innerster punkt in den punkten wohnt, der zur mitte erklärt werden könnte. Jeder einzelne punkt ist in wirklichkeit ein gigantisches loch, was sogar mathematisch korrekt ist.

Da ist also niemand mehr, um ein ich zu spielen, sondern die ichs spielen einfach sich selbst, sind aber nur noch schein-ichs, nämlich wirken wie ichs für die anderen, die darauf konditioniert sind, jeden mensch ALS ich zu interpretieren. Das kann auch schützen, weil einen so mancher vor verwirrung nicht mehr verstehen würde, wenn er die freiheit mit voller wucht in seinem zunächst harmlos wirkenden normalen nachbarn sehen, spüren, erkennen würde, ohne dass sein ich diese freiheit irgendwo einordnen könnte (außer vielleicht zu glauben, der freie sei *"heilig"* oder gar überheblich). Wo niemand ist, kann auch niemand entfremdet, überheblich, erhaben oder sonstwas sein.

Der identitätsbefreite mensch BRAUCHT DAS MEISTE KOMMUNIKATIONS-THEATER EINFACH NICHT MEHR, weshalb er aus purer reflexhafter höflichkeit nett lächelt, weil zumeist alles harmlos ist, voller liebe im sinne von wohlwollen, akzeptanz des soseins aller dinge, die existieren. Er könnte auch eine ohrfeige erteilen, aber dieser reflex passiert zum glück seltener; denn mit dem *"inneren"* frieden (falscher begriff, weil es kein innen mehr gibt – nennen wir es eher URFRIEDEN!) stellt sich auch urentspannung ein, die meistens zur entwaffnung des *"bösartigen"* gegenübers führt, wenn es ursprünglich aggressiv war. Da niemand mehr *"projiziert"* (also die eindrücke durch ich-filter beurteilt und sich dann angegriffen fühlt und meint, sich verteidigen zu müssen), sondern nur noch kommuniziert, findet immer alles auf augenhöhe statt. Nur jemande können augen auf verschiedenen höhen ansiedeln, aber niemande SCHAUEN EINFACH DURCH IHRE AUGEN, die höhenlos dort sind, wo das geschaute ist. schaut ein befreiter zum berg, schaut er HOCH, schaut er in den gebirgssee, schaut er von weit oben RUNTER, schaut er zur oma, schaut er hinunter, schaut er zur spitze des wolkenkratzers, muss er auch hochschauen, schaut er zu einem gleichgroßen mensch, schaut er geradeaus, aber IMMER schauen die augen auf derselben höhe wie das geschaute, da sich der sehende als das gesehene empfindet. Das subjekt empfindet sich immer nur als jenes objekt, das im direkten wahrnehmungsbereich spürbar ist – und der kann natürlich mit einiger übung sogar bis zu den sternen und darüber hinaus reichen! **Die information wird zur identität.** Nur der hals muss sich bewegen und dafür sind die halswirbel ja da! Die halswirbel sind daher das wirklich heilige am befreiten mensch: sie sind beweglich und erlauben dieselbe augenhöhe ;-)

Wenn niemand mehr da ist, kann niemand *"über den dingen"* schweben. Wo niemand mehr ist, wohnt alles IN SICH SELBST – überall ist *"innen"*, jede wahrnehmung ruht in sich. Alles ist innen; denn alles ist außen, es gibt kein innen mehr und kein außen, weil das nur kategorien des ichs sind, das seinen standort suchte. die sorge um einen vermeintlichen verlust irgendwelcher (psychischen) qualitäten ist daher unötig: ALLES BLEIBT ERHALTEN, NUR DER ICHBESESSENE *"IDIOT"* VERSCHWINDET, der sich als kontrolleur aufspielte! Kein problembündel wird abgestoßen oder in *"nichts"* aufgelöst (welches nichts? wo soll es sein, dieses esoterische hurz?), sondern es ist niemand mehr da, der das bündel als problem erlebt. Der neue mensch IST das grenzenlose, ja entgrenzte bündel selbst! **Niemand ist mehr da, um *"mit allem"* identisch zu sein. Das war nur der onenesswahn des egos. Wo niemand mehr ist, um *"alles"* sein zu wollen, IST ALLES einfach nur, was es ist:** der zellhaufen mensch mit seinem bürgerlichen namen und die supernova am anderen ende des universums. **Die oneness IST der natürliche zustand des seins, das in all seinen teilen MIT SICH SELBST EINS IST.** Keine abgespaltene metaphysische transzendenz, die das universum begrenzt, umfängt oder zur illusion degradiert. Das ganze verfickte universum IST MIT SICH IDENTISCH. Und woraus besteht es: aus all seinen teilen! Jedes universelle teilchen (eine blume, ein felsen, ein mensch, ein elektron, eine welle, ein schwarzes loch) IST *"EINS"* (mit sich): das ist die wahre oneness, die das ich sucht und angst hat, dann auch noch mit dem nachbarn zu verschmelzen. Quatsch mit soße, der nachbar bleibt ein gegenüber, das die augen erschauen. Aber wo kein ich mehr sagt, es sei *"hier"* und der nachbar *"dort"*, ist auch keine entfremdung, trennung oder materielles nebeneinander mehr vom gefühl her, nämlich aus diesem großartigen SEINSGEFÜHL, sondern **das gegenüber WIRD (durch das wahrgenommensein) zum bewusstseinsinhalt desjenigen, der nur noch aus dem besteht, WAS er wahrnimmt.** Alan Watts sagte das auch bereits so ähnlich: die wahre person besteht sowohl aus den innersten organen als auch aus den sternenrändern, weil alles ichlos *WAHR*-GENOMMEN wird. Die *"grenzen"* (und damit zugleich auch die profilneurotische angst vor entgrenzung) werden nur vom ich empfunden. Die ichlosigkeit ist dagegen grenzenloses wahrnehmen aller voneinander getrennten objekte als **EIN SEIN statt eingebildetes eins-sein.**

HABEN ODER SEIN? JENSEITS DER SELBSTMANIPULATION
(RADIKALES *"BIN DA"* STATT REDUNDANTES *"ICH BIN"*)

Die entscheidende Frage lautet nicht etwa *"sein oder nichtsein"*, sondern tatsächlich HABEN oder SEIN, wenn wir das ganze System Mensch auf seine eigentliche Identität abklopfen: der Mensch MIT einem Ego HAT immer Gefühle, Gedanken, Charaktereigenschaften und beeinflussbare Meinungen – seine Entscheidungen trifft er aufgrund der Standpunkte, die sein Ego einnimmt; denn er meint, er sei nichts anderes als dieses Ego und im tiefsten Inneren sei dieses Ego sogar identisch mit Gott, weshalb dieser für ihn eine bildlose Transzendenz darstellt. Könnte sich nämlich das Ego selbst anschauen, würde es sich nicht selbst sehen, sondern nur diese Leere des Bewusstseins, die durch sich selbst hindurch schaut. Ein solcher Mensch lebt in dem Glauben, die letzte Wahrheit seiner Identität als ichhaftes Subjekt sei etwas Immaterielles, Geistiges, Jenseitiges und Unangreifbares, während die weltlichen Inhalte, mit denen sein Ego handelt, dazu dienen, einen objekthaften, sinnlichen und gefährlich relativistischen Standpunkt inmitten des ganzen Spektakels einnehmen zu können. Er hat seine Lebensempfindung in zwei voneinander getrennte Bereiche aufgeteilt: das abstrakte (seelische) Ich, das er zu sein glaubt, und die konkreten (sachlichen) Inhalte des Ichs, die es zu haben meint. Da er sich mit seinem Ich aber nie wirklich *"eins"* fühlen kann, da er *"sich selbst"* immer nur mit eben diesem Ich von außen beobachtet, IST er im Grunde überhaupt nichts und HAT auch nichts: alle Inhalte seines Ichs inklusive dem Ich selbst sind nicht das Ich, das er wäre, wenn er es SEIN könnte anstatt es nur wie eine Sache zu besitzen. **Der Ego-Mensch möchte eine eigenständige, individuelle Seele haben und diese zugleich wie eine Sache besitzen, er möchte seine Seele besitzen.** Sein Ich flüstert ihm permanent ins Gewissen: *"Streng Dich an, dann kannst Du eins mit Dir selbst werden und dieses Ich sein, das sich immerzu haben möchte!"* Ein abgrundtief paradoxes, perverses Unterfangen, die Tragödie der absoluten Ich-Besessenheit. Im Gegensatz dazu gibt es aber eine spannende Entwicklung in der menschlichen Psyche: durch fortschreitende Disidentifikationstechniken kann jeder Mensch dahin gelangen, dass sein Ich vom Bewusstsein nicht mehr als seine einzige, ihn kontrollierende Identität empfunden wird, sondern nur noch als eine kommunikative Funktion innerhalb des Denkens. Bei wem diese Loslösung vom Ego zur kompletten Auflösung der Fixiertheit auf das ichhafte Denken führt, der entdeckt ein ganz wunderbares Geschenk des Lebens: **endlich ein Mensch SEIN zu dürfen, ohne ein Ich HABEN zu müssen!** In früheren Zeiten verehrten die Ichbesessenen jene wenigen Ichbefreiten wie Heilige; denn ihre Sehnsucht nach Auflösung ihres zwanghaft kleinen Ichkäfigs war so groß, dass sie einen Ichbefreiten für übermenschlich, ja sogar göttlich hielten. Dafür erfanden sie ihre religiöse Zielvorstellung namens *"Erleuchtung"* und bemühten sich lebenslänglich, dieses Ziel zu erreichen, übersahen dabei aber immerzu, dass es lediglich ihr Ich war, das dieses Ziel HATTE und wie einen *"heiligen Hochleistungssport"* anstrebte. Gerüchte kursierten, die zweihundertjährigen erleuchteten Zenmeister ganz oben auf den schneebedeckten Berggipfeln (oder der Yeti? nein, Aliens!) würden behaupten, man könne nur dort ankommen, wo man bereits sei, was dem Ich leider nicht half, seine Selbstlüge zu durchschauen: immer war es das Ich, das darüber nachdachte, wie es sich selbst erkennen könne, und seine eigenen Zustände überprüfte, in der Hoffnung, eines Tages im Hier und Jetzt anzukommen, wo alle anderen Anteile des Menschen schon längst waren: die Füße standen SCHON IMMER auf dem Boden, das Herz schlug SCHON IMMER in Echtzeit, die Hände ergriffen SCHON IMMER die Nahrung in exakt dem Moment, wenn sich der Hunger im Magen bemerkbar machte. Im Grunde funktionierte das ganze System Mensch immer *"von selbst"* – als ein Biocomputer, dessen Zellprogramme automatischer Bestandteil der Realität sind. **Das Ich war ein störender Virus in diesem automatischen System, der sich einmischte und nicht ertragen konnte, dass alles perfekt funktionierte: das Jetzt war genau jetzt da und der Mensch handelte aus diesem Jetzt heraus genau jetzt. Mehr war da nicht, aber dem skeptischen Ich schien das zu leicht, viel zu leicht.** Dieses bescheuerte Ganzjetztgetue der Esoteriker, die so weihevoll meditativ durch den Ashram stolzierten (weil es in Wahrheit ihr psychotisches, stolzes Ich war, das sich mit Jetztkonsum aufblähte!), wirkte für das verzweifelte, komplexitätssüchtige Ich wie ein triviales therapeutisches Verhalten unter vielen, das man zwar nachahmen kann, aber dadurch längst noch nicht wirklich da hinkommt, wo man angeblich *"sowieso sei"*. **Diesem Komplexitätswahn bleibt das ganz simple Wunder verborgen: Der Mensch hat an sich mit dem Leben überhaupt kein Problem, da er DAS LEBEN IST. Nur sein verknotetes Ich möchte dieses tatsächliche Einssein, dieses Identischsein als eine eindeutige geistige Sache (wie eine Weltformel) besitzen und bleibt dadurch auf fürchterlich traurige Weise vom Jetztgefühl ausgeschlossen. Alles fühlt dieses hilflose Ich außer das Jetzt. Alles kann es zerdenken und visualisieren. Alles außer das Jetzt. Könnte es DAS JETZT endlich fühlen, würde es sich augenblicklich selbst (in Luft und Wohlgefallen) auflösen und wäre das Jetzt selbst.** In diesem Zustand des Jetztseins als Selbstsein ist der Mensch ganz genau das, was er IST und kein von sich selber entfremdetes Ich, das irgendwas HAT, was sich immerzu fremd anfühlt. Haben lässt sich das Leben eben nicht, von ganz innen gefühlt, sondern nur sein, aber wer so *"in sich"* (eingekehrt, heimgekehrt, zurückgekehrt) IST, dessen Bewusstsein ist automatisch entleert, hat keinen zentralen Inhalt, der sich als Ich aufspielt. **Bei dieser Erkenntnis dehnt sich die Selbstwahrnehmung urplötzlich ins Unendliche aus und bemerkt ihre eigene Leere.** Jetzt hört der Mensch seine eigene Ich-Stimme wie einen Livestream-Reporter, der über nichts weiter als die dahin fließende Realität zu berichten weiß, die von den erleuchteten, selbstleuchtenden Sinnen empfangen wird. Er IST nicht mehr sein Ich, sondern er HAT es nur noch, aber im selben Atemzug ist die Person nicht mehr zu finden, die zum Habenkönnen gebraucht wird, da sie ebenfalls eine Illusion des fantasierenden Ichs war. Also redet diese instanz-lose Ichstimme nun unaufhörlich über das, was geschieht, ohne dass jemand da sei, der ihr zuhören könnte. **Das Wasser wird nur noch gekocht und der Reis gegessen, die Finger tippen die Buchstaben, die Augen lesen den Text, die Müdigkeit schläft ein, das Bewusstsein ist sich bewusst. Das Dasein ist da. Und die Leere ist leer.** Welche Meinung vertritt denn Dein Ich jetzt darüber? Du antwortest niemandem schmunzelnd: *"WESSEN Ich meinst Du?"* Das identitätslose Ich hat die unendliche Größe der Eindrücke, die von den Sinnen benannt werden können: *"Die Augen sehen in andere Augen!"* Die Augenpaare sehen sich gegenseitig an. *"Der Mund küsst einen anderen Mund!"* Die Münder küssen sich. Und so weiter und so fort. Mehr ist nicht, mehr Ich, alles Ich ist geteiltes Du! ALLES ist dieses einzige randlose *"BIN DA"*, wenn ES geschieht. Weder hilflos noch heilig. ES IST. Es passiert. Niemand da, um es festzuhalten oder loszulassen. Die Wörter ICH, NICHTS und SEIN werden komplett austauschbar. **Die Realität ist die neue identi-tätslose Poesie des Universums! ALLES IST POESIE! Noch mehr Dich-tung als DAS ALLES wäre überflüssig, erfunden, nur Ablenkung vom Seienden. Das Leben ist irreversibel in seiner Selbstleere verdichtet.** Wenn jetzt trotzdem geredet wird, dient das Gerede ausschließlich der Freude am Gespräch, ohne Meinungen zu produzieren. Niemand manipuliert mehr niemanden – nur die Ichs wollen weiterhin ihre Meinung vertreten, wie man das eben von den Vertretern einer Firma gewohnt ist, aber sie werden von niemandem mehr beachtet. Die Gläser werden angestoßen, der Sekt wird getrunken. Die Musik lädt zum Tanzen ein, der Geburtstag führt zur Gratulation...

DAS BUCH AN SICH
(Vorwort der neuromagnetischen Antibiografie)

Wie soll man denn einen Roman beginnen, wenn niemand da ist, um ihn überhaupt schreiben zu wollen? Es gibt eine Erinnerung an eine Verkettung von unzähligen seltsamen Begebenheiten, die ein noch lebender Mensch einmal tatsächlich hatte. Aber die eigentliche Person, die normalerweise Erinnerungen hat, ist seit geraumer Zeit einfach vom Spielfeld verschwunden. Jetzt sind da nur noch bekloppte Geschichten, die irgendwie miteinander zusammenhängen, aber von einer identitätsfreien Metaebene aus betrachtet nicht weniger langweilig und unbedeutend erscheinen als alles, was sonst so auf diesem Planet passiert. Darum besteht die berechtigte Frage, ob man aus diesen biografisch-historischen Zufälligkeiten einen Roman fabrizieren kann oder vielleicht doch eher nur einige durchgeknallte esoterische Anekdoten willkürlich lose hintereinander weg erzählen sollte. Niemand ist da, um das jetzt zu entscheiden, aber solange das Schreiben von selbst funktioniert, könnte ein Lektor im Nachhinein eine gewisse Idee in dieser Sache erkennen, womöglich sogar eine Logik oder zumindest ein Thema entdecken und die Ereignisse so spannend verpacken, dass es sich erst auf dem Ladentisch richtig anfühlt, dass Du dieses Werk in die Hände nimmst und mir beim Schreiben zuschaust.

Du, der wesentlich echter ist als der Zeigefinger, der über die Handytastatur springt, ohne ein Ziel vor Augen zu haben. Die Augen haben nur den Finger vor Augen, der Finger nur die Tastatur und die Tastatur hat keine Augen. **Künstliche Intelligenz wurde noch nicht konstruiert und das hat einen völlig anderen Grund als die Wissenschaftler vermuten. Sie liegen im Ansatz ihrer Theorien bereits falsch; denn sie gehen davon aus, dass der Mensch eine sich selbst als ein Ich bewusste Identität hätte.** Das ist der Fehler. Ein Jahrtausende alter Fehler: das Ich. Diese unglaubliche Sprachschöpfung dient einzig und allein einem kommunikativen Zweck: es ist für den Zuhörer viel leichter, eine Perspektive auf die Welt nachzuvollziehen, wenn die Position der beschreibenden Person als ein soziopsychologischer Ausgangspunkt markiert werden kann. Dazu dient das Wort *"ich"*: Hier ist ein Ich, das behauptet, das sich dies oder jenes so oder so anfühle. Das Gegenüber kann dann sofort als ein zweites Ich auftreten, das von sich selber behauptet, es hätte eine Meinung von einem anderen Ich empfangen. In Wahrheit haben beide Menschen nur Schallwellen gespürt und die Gehirne interpretierten das Gehörte, Gedachte, Geschriebene als eine Aussage von jemandem über irgendwas. Alles erweist sich bei näherem Hinsehen als Lug und Trug. Niemand war da, der etwas behauptete, und niemand empfing eine Meinung. Es reihten sich lediglich Sätze aneinander, die Bilder erzeugten. Und aus den Bildern wurden Geschichten. Danach glaubt ein Verlag, einen Autor zu publizieren, und dieser Verlag generiert Leser, die glauben, Leser einer Autorengeschichte zu sein. Nein. Es findet weder eine Lesung noch eine Schreibung statt. Diese Geisterhand tippt einzelne Buchstaben in das digitale Display, ohne einen Autor zu kennen, geschweige denn einen Sinn oder Nutzen in dem Geschriebenen.

Niemand ist da, um nach einem Nutzen zu fragen. Alles passiert einfach grundlos. Das Schreibfeld erreicht irgendwann die maximale Buchstabenmenge, wird abgespeichert und dann gewartet. Gewartet auf einen neuen Impuls, der manchmal schon Jahre benötigte und zu keinem brauchbaren Ergebnis führte. So schreibt man kein Buch. Und so endet es nie. **Es ist ein ewiger Anfang, ein endloses Versuchen, ein blindwütiges Loslassen und Freisetzen von nicht literarisch verwendbaren Fragmenten aus einem Leben, das niemanden interessiert, das dem Zivilisationsprozess nicht im Geringsten behilflich war, sondern genauso wie der gesamte Rest dieser einmaligen Kreatur unter der Erde landet und zur Fruchtbarkeit des Bodens beiträgt, der das Wunder von blühenden Blumen vollbringt.** Lach nicht, es liegt auf der Hand: Blumen blühen. Es hätte überhaupt nicht erwähnt werden müssen. Der Finger tippt, das Auge schaut zu, die Tastatur erzeugt elektronische Impulse und die Blumen blühen. Sie blühen, welken und zerfallen. Wie der Mensch. Alles zerfällt, was einmal geredet hat. Alles bleibt stumm, was gerade eben noch schreien konnte. Wenn es ein Ich gäbe, das schreien könnte, hätte die Aussage *"ICH KÖNNTE DEN GANZEN TAG LANG NUR SCHREIEN!"* eine gewisse Dramatik, die zu berechtigter Neugier führen würde: WARUM könnte dieses Ich immerzu schreien und WAS hat es erlebt, dass es damit nicht mehr aufhören wollte. Aber es gibt kein Ich, das sich befragen ließe. Und es gibt auch kein Ich, dass sich diese Frage stellen könnte. Es sind nur harmlose Gedankenabläufe, mit einem Zeigefinger in die Tastatur gehauen. Nicht in Stein gemeißelt. Das kommt noch. Wenn das Buch ein Erfolg wird und später als Klassiker in den Kanon der Weltliteratur aufgenommen wird. Dann darf der heilig gesprochene Schriftsteller als Statue in einen Park gestellt werden und steht da genauso erbarmungslos trostlos herum wie die bereitgestellte Schrift zwischen zwei Hochglanzkartons, die den Titel des Werks andeuten: *"DAS BUCH AN SICH"*. Da der Titel nicht lesbar ist, so gequetscht im Regal zwischen all den verstaubten Kollegen vergangener Epochen, könnte das Buch auch aus leeren Seiten bestehen, was dem enormen Anspruch gerecht würde, es sei DAS *"an sich"* Buch. Aber wie bereits hier auffällt, wäre das eine Lüge; denn es wurde bereits viel zu viel niedergeschrieben, was nun diese EIGENTLICH weißen Seiten füllt. Ja, verfluch mich! Keine Ahnung, WEN Du verfluchst, keine Ahnung, WER sich angesprochen fühlen sollte.

Der Autor ist nur eine hohle Figur, die benötigt wird, damit NICHTS aufgeschrieben werden kann. Denn es besteht der Verdacht, dass es Leser gibt, die noch immer meinen, da wäre ETWAS und das solle man einfangen. Zwischen zwei Buchdeckel pressen. Und trocknen. Nach einigen Wochen Geduld hätte man auf diese Weise ein Ich verewigt, ein getrocknetes Ich, das sich in einer Vitrine präsentieren und bestaunen lässt. Weil das schon immer so war und darum auch weiterhin so zelebriert werden müsse. Immerhin lässt sich daran sehr viel Geld verdienen. Ein Euro pro verkauftes NICHTS als Marge für den Buchstabenindietastaturhacker ergibt bei einem Bestseller eine satte Millionen, von der sich die Welt zwar nicht retten lässt, aber irgendwas Gutes bewerkstelligen, um das verfluchte Schreien zu unterbinden. Literatur als kanalisierter Schrei – das verkaufte Buch als Lutschtablette gegen das Kratzen im Hals. Der Stimmverlust dauert dann wieder einige Jahre, aber irgendwann bricht dieses Monster wieder hervor, quillt aus den untersten Ritzen der Seele an die verfaulte Oberfläche und explodiert zu einem neuen Werk, das den Tinnitus antriggert und das nötige Geld für die Medizin dagegen generiert. **Diese Spielregeln darf man niemals verraten, ansonsten zerstört sich der Literaturbetrieb von innen und die Büchertische erschienen leer, da die feilgebotenen Bestseller durchsichtig würden, vollkommen durchsichtig, leer, als wären sie gar nicht vorhanden. Dasselbe geschähe dann mit der gesamten Architektur aller Städte: die Gebäude wären optisch verschwunden, die Augen schauten hindurch, als wären sie Luft. Das NICHTS wäre endlich zu sehen. Die Menschen blieben mit offenen Mündern stehen und staunten: da ist nichts. Alles weg, obwohl DA.** Von diesem Scheinparadoxon und seinen Folgen für das Schicksal des angeblichen Autors handeln die seltsamen Geschichten, die in den folgenden Kapiteln für die Nachwelt festgehalten werden sollen. Es geht um das unendliche Nichts, das sich als ALLES darstellt. Oder wie die Physiker sagen: als das uns bekannte Universum. Ob diese Kapitel geschrieben werden, weiß keiner. Aber das ist schon mehr als zu erwarten war.

ÜBER DAS VIRTUELLE EGO – ERLEUCHTUNG ALS PSYCHOSOZIALE GEFAHR FÜR DEN WELTFRIEDEN?

Seit über 30 Jahren fragt sich die realitätsgeschockte Stimme in mir: Ist der Zivilisationsprozess abhängig von der Selbstsorge des Egos um seine virtuelle Selbstbehauptung? Oder anders gefragt: Gäbe es überhaupt Wirtschaftswachstum, Wolkenkratzer und Weltkriege ohne Egos?

Der Mensch hat aufgrund seiner ankonditionierten Projektionen zum überwiegenden Anteil neurotische Fragen und Bedürfnisse, die dem Ego entspringen und sich in Luft auflösen, sobald diese virtuelle Quelle der Selbstquälerei nicht mehr als identitätsstiftendes Bewusstseinsorgan zur Wahrnehmung von Welt fungiert. Als ich mich 1989 dank einer mystischen Lochismus-Erfahrung zu wundern begann, wie sehr der gesamte Aktionismus der Menschheit von Selbstlüge, Selbstsuche und Sehnsucht nach Selbstauflösung geprägt ist, hatte ich immer wieder diese Visionen von abertausenden Menschen, die zeitgleich aus der sozialen Trance erwachen und urplötzlich inmitten ihrer aktuellen Bewegung innehalten, sich irritiert die Augen ausreiben, gegenseitig anschauen und fragen: *"Was machen wir hier überhaupt? Was soll das? Warum laufen wir derart ferngesteuert durch die Gegend und bemühen uns, irgendetwas zu erreichen, das keinerlei existenzielle Relevanz hat? Was passiert hier gerade mit uns? Wer hatte uns hypnotisiert? Und warum haben wir diesen ganzen Quatsch wirklich geglaubt?"* Dieses Ankommen in der Gegenwart, also dem ewigen gegenwärtigen Augenblick, der zeitlos in sich ruhend dahinfließt, aufgrund der Entdeckung, dass sämtliche Antriebskraft anscheinend ausschließlich vom Ego ausgeht, das seine Absichten, Ziele und Wünsche verfolgt, bereitete mir einiges Kopfzerbrechen, da <u>mein eigener Egoverlust nicht dazu geführt hatte, GANZ JETZT zu sein, sondern stattdessen in einer subtilen Spiripsychose mündete, indem ein Meta-Ich generiert wurde, das sich als unendlich, leer und frei empfand, ohne den Irrsinn des esoterisch-metaphysischen Selbstbetrugs zu durchschauen.</u>

Anstatt diesen illusionären Käfig des Egos zu sprengen und mich *"endlich eins mit allem"* zu fühlen, entstand ein viel absurderes neues Bewusstseinsgefängnis ohne Gitterstäbe, ohne Mauern, ohne Gefängnisdirektor, Wärter und Zellen: dieses Gefängnis beruhte lediglich auf der Fähigkeit des Geistes, trotz Egoverlust weiterhin Opfer des Denkens zu bleiben, das das Wort *"ich"* benutzt, obwohl sich dessen Identität als virtuelle Illusion erwiesen hatte. Der Grund dieses außerordentlich seltsamen Bewusstseinsphänomens findet sich in der Verwendung von Sprache: wir sind es gewohnt, alle Sätze mit *"ICH"* zu beginnen und dann eine Meinung dieses grammatischen Subjekts zu generieren. **Wenn sich alle Definitionen des Ichs auflösen und damit kein einziges Wort mehr als Attribut der Identität verwenden lässt, das als Symbol für Selbstbestätigung funktioniert, greift das Denken zu einer genial-absurden Notlösung: es erfindet sich weltlose Begriffe wie Selbst, Gott, Sein, SEIN (großgeschrieben), Leere, JETZT und Nichts, um sein grammatisch bedeutsamstes Wort ICH weiterhin für den Satzbau verwenden zu können, ohne von weltlichen Hohlformeln abhängig zu sein.** Die Enttarnung dieser dualistisch-psychotischen Gedanken-Konstruktionen als noch viel gravierendere Hohlformeln und totales Ablenkungsmanöver vom echten Jetzt, das gar kein Begriff ist, sondern nur dieser sprachlose Fluss des Gespürs von *"ALLES PASSIERT"* – diese Enttarnung erfordert erstaunliche, überraschende, unerwartete Maßnahmen, die den Lebensweg schicksalhaft prägen.

Am Ende der vielseitigen Umwege und therapeutischen Strudel bemerkt sich der nicht nur schon lange egolose, sondern nun auch komplett sprachbefreite Mensch als ein ebenso kosmisch konkretes Objekt wie alle anderen Staubpartikel inmitten des unendlichen Nichts, das eben nicht irgendwie völlig abstrakt dualistisch *"jenseits"* der Welt oder *"außerhalb"* des Universums die letzte Antwort auf die Frage nach dem *"WARUM GIBT ES ALLES"* darstellt, sondern identisch (!) ist mit dem, was wir als Welt empfinden. Soll heißen: **das Bewusstsein steht diesem Nichts nicht mehr gegenüber oder im Wege, sondern es nimmt sich selber als Ausdruck dieser Leere wahr! Es spürt seine eigene Nichtexistenz, sein eigenes Leersein, seine eigene Unendlichkeit, die keine Frage mehr nach einer letzten Antwort produziert. Die allerletzte Antwort auf die ultimative Frage, was die göttliche WAHRHEIT des ganzen Daseins des Seins sei, IST das Sein selber, ohne paradoxes Wenn und Aber. Das von seiner eigenen Nichtexistenz durchtränkte Sein IST die Leere, das Nichts und die Unendlichkeit, nach der sich das spirituell suchende Ego so fürchterlich sehnte.** Das grammatische Wörtchen *"Ich"*, das wir weiterhin im Satzbau verwenden, dient lediglich der leichteren, eindeutigen Kommunizierbarkeit von Objekten, die sich in diesem Augenblick nicht in unmittelbarer Reichweite beider Gesprächspartner befinden. Alles, was jetzt gemeinsam gespürt und erspürt werden kann, bedarf keiner Sätze mehr. Das spart schonmal enorm viel Bewusstseinsenergie, die nun der 100% trivial erwachten Aufmerksamkeit zugute kommt. Aus dieser NEUEN AUFMERKSAMKEIT IM JETZT folgen wiederum mehr Motivationen, die sich selbst generieren, anstatt neurotische Bedürfnisse, die niemand mehr hat, wenn kein Ich mehr zum Haben da ist, weil der Mensch DA IST.

Die gesamte Wirtschaft und das soziale Zusammenleben könnten also durchaus davon profitieren, wenn nicht mehr Narzißten und Neurotiker Wolkenkratzer bauen und Weltkriege führen, sondern wenn sich erleuchtete & erwachte *"Nebenmenschen"* (so betitelte ich 1989 ein Gedicht zur Überwindung des nietzscheanischen Übermenschen) als NACHBARN innerhalb einer grenzenlosen kosmischen Familie empfinden. <u>Phänomene wie *"Kriege"* erweisen sich dann ebenfalls als psychotische Erfindung von hypnotisierten Egomaschinen, die man ölen kann, wie man will – sie werden immer quietschen und kaputt machen, was sich ihnen in den Weg stellt! Und das Ekligste an ihnen ist die merkwürdige Unfähigkeit, sich auf die spirituelle Suche zu begeben, dank derer sie sich selber irgendwann wie Zombies fühlen würden.</u> Genau so, wie man sich Donald Trump nur zynisch-satirisch als meditierenden Zenmeister vorstellen kann, so scheitert auch der Versuch, sich einen Putin als mitfühlenden Buddha auszumalen. Manche Menschen dienen nur als Karikaturen in gruseligen Geschichtsbüchern, die unseren erleuchteten Enkeln von einer veralteten, ausrangierten Weltordnung erzählen, als die Menschheit noch nicht zum DASEIN DES SEINS erwacht war. Aber machen wir uns nichts vor: es werden noch weitere Jahrhunderte ohne Erleuchtung vergehen, in denen Satzbau & Städtebau betrieben wird, die den Planet zerstören und vergiften. **Dem Planet ist das letztlich egal; denn die Erde hat keine egoistische Meinung über sich selbst, wie sie aussehen sollte. Sie verwandelt sich in jedem Moment zu immer neuen Atomkombinationen, durch deren Auswirkungen sich entscheidet, welche Kreaturen sich daraus entwickeln können.** Nach all den Trumps und Putins dieser Welt kommt die Kakerlake, die Ameise oder irgendeine Amöbe, deren natürliche, egolose Intelligenz im Flow des Ganzen bleibt, und führt den Aliens eine strahlende Anmut und Schönheit vor, die sie dann doch noch zur Zwischenlandung bewegt. Der erste Kontakt findet nicht mit den heutigen Machtmenschen statt, so viel lässt sich mit Sicherheit sagen. Aber wir haben Zeit, wir können warten. Unsere Enkel sind nicht aufzuhalten! Das große Erwachen erfolgt still und heimlich über Generationen hinweg ganz nebenbei...

TM 13.2.2000

DIE URSCHIZOPHRENIE DES DREIFACHEN ICHSEINS
(VOM HEIMLICHEN ENDE DER NEUROPHILOSOPHIE)

Heute morgen beim Wachwerden sprudelte dieser psychophilosophische Essay einfach in einem Rutsch -platsch- aus mir raus, wie das eben manchmal so geht. Ich weiß, nicht jeder interessiert sich für derlei abstruse Gedanken, aber wer verstehen will, woher ich gedanklich komme, sollte wenigstens eine Chance bekommen, die psychisch stressige Vergangenheit zu erahnen, aus der ich mich herausgearbeitet habe. Nach zahlreichen jahrelangen Symptomen, Syndromen, Diagnosen und Therapien begann bei mir erst 2014 ein seelisch "erleichtertes" Leben ohne die schweren "letzten Fragen", unter denen das Ich litt und all die NEUROPOESIE als Antwort fabrizierte: mein ganzes lyrisches Werk war bis dahin ein einziger intellektueller Rausch, um den LOCHISMUS zu begreifen, der diesem Ich 1989 widerfahren war...

Aus irgendeinem idiotischen Grund glaubt der sogenannte spirituelle Sucher, *"sein kleines"* Ich sei etwas anderes als all das, was *"sein"* Ich insgesamt wahrnimmt, und da *"er"* sogar *"sein"* Ich beim Wahrnehmen als Denkobjekt wahrnimmt, meint *"er"*, ein zweites Ich sein zu müssen, das *"sein eigenes"* Ich von irgendwo anders aus beobachtet. Diesen großartigen Selbstbeobachter bezeichnet er als sein tieferes oder höheres Selbst, je nachdem ob es sich eher wie eine kristallklare Bergspitze in dünner Luft oder doch eher wie der schwärzeste Urgrund des Ozeans ohne jeglichen Lichtstrahl anfühlt.

Aber auch diesen geheimnisvoll dissoziierten Standort des selbsterfundenen zweiten Ichs kann *"er"* nirgendwo in der Landschaft finden und kreist darum immer verzweifelter, schneller, komplexer, reflektierter, gebildeter und vor allem immer eingebildeter in alle schwindelerregenden Richtungen um sein kleines Ich und sein erhabenes Selbst wie ein schizophrener Schiedsrichter, der beiden Ichs beim metaphysischen Pingpong zuschaut, ohne selber ein Ich sein zu wollen, in der Hoffnung, dass sich irgendwo in diesem selbstzermürbenden Trichterstrudel der immer deutlicher konturierten Mitte des delirischen Kreiselns das eigene Dritt-Ichsein am Ende des Trichters als Urknall, Gott oder Seele offenbaren möge, das dann die letzte, absolute, eigentliche, unendliche Wahrheit hinter der Wahrnehmung sein müsste (so etwas wie das Pleroma bei C.G.Jung). Dieses total entrückte, angeblich *"nonduale"* dritte Ich sei ein von den beiden anderen Spiegel-Ichs gänzlich befreites Nicht-Ich, das weder sich selbst noch die anderen wahrnimmt, sondern ganz weit hinter allen Landschaft-Ichs in einem transzendenten, jenseitigen Unraum wohne und nicht nur unendlich, sondern auch leer sei, leer von sich selbst und damit auch leer von der Vorstellung der Unendlichkeit.

Mit etwas Glück und Geduld fällt der um sich selbst kreisende Idiot irgendwann tatsächlich durch diesen Trichter der Selbstsuche ins sogenannte Nichts, aber was dann wirklich geschieht, ist so ziemlich das Unerwartetste und Schockierendste, was sich kein Ich jemals wünschen wollte: da ist nämlich nichts! Einfach nichts. Weder eine Seele noch Gott und auch keine Erleuchtung, geschweige denn ein *"Nichts"*. **Was hier tatsächlich passiert, ist etwas wesentlich Heilsameres: all diese sich selbst spiegelnden Ichs lösen sich auf – allesamt! Die gesamte in sich verschachtelte und verkrampfte Wahrnehmung fällt durch das leere Loch hindurch und landet einfach nur in sich selbst: plötzlich zurückgekehrt aus der Selbstentfremdung der letzten Frage nach dem vermeintlichen Sein des Seins.** Von nun an gibt es kein kleines <u>Ich</u> mehr, das sich fragt, wer es sei, und kein großes <u>Selbst</u>, das das Ich beobachtet, und keine unendliche <u>Seele</u>, die über diese beiden meditiert, als wäre sie ein allwissender Guru. Was sich dem Idiot aber stattdessen offenbart, ist die Tatsache der Wahrnehmung als das vielleicht verrückteste Wunder der Natur überhaupt: es gibt Wahrnehmung! Die ganze Natur, ja das gesamte Universum ist seine eigene Selbst-Wahr-Nehmung! Alles ist wahr, ja so wahr, dass es nichts Wahreres geben kann! Alles nimmt wahr, was tatsächlich da ist, das ganze unendliche Da-Sein – befreit von den Ichs, die sich überall in die leere Mitte der unendlichen Dinge einmieten möchten! Kein Baum hat ein Ich und kein Mensch hat mehr zwei oder drei!

Der erleuchtete Mensch ist ein seelenloser, gottloser, von seiner Selbstsuche befreiter in seiner Wahrnehmung ruhender Wahr-Nehmer, der alles fürwahr nimmt, was sich wahrnehmen lässt. Sogar sein eigenes Denken, das dauernd Ich sagt und überflüssige Fragen stellt. Was für ein wundervolles und aufregendes Leben ohne philosophische Fragen! Der Alltag kann kommen! Die echten Aufgaben beginnen! Es fühlt sich an, als sei das Leben auf dem Planet Erde ein durchgeknallter Science-Fiction-Film mit den unglaublichsten Dingen und Fähigkeiten. Die Augen schauen zu den Sternen und denken nur: sagenhaft, wie alles umeinander tanzt, als sei das ganze Universum ein einziges Molekül mit Trillionen Elektronenbahnen oder

ein schwarzes Loch,

in dem alles einfach nur

grundlos herumhängt...

OSHO IN DER PFERDEFLIEGE

Endlich: eine gestrige *"Erscheinung"* holt eine völlig verrückte Erinnerung ins Gedächtnis zurück, die unbedingt in mein antibiografisches *"BUCH AN SICH"* gehört, das all meine paranormalen Erlebnisse im Laufe des Lebens dokumentieren soll! Nach unserer christlichen Zeitrechnung ist es jetzt 2022 und ein sehr sommerlicher Sonntag um die Mittagszeit. Die Luft draußen klingt friedlich, durch das gekippte Fenster dringt sogar ein leichter Wind, auf der Wiese vor meiner Haustür zirpen die Grillen, hin und wieder fahren ein paar Autos vorbei, zwischendurch rauscht eine Bahn über die Brücke, aber insgesamt wirkt es eher still, nicht so betriebsam wie an einem normalen Arbeitstag. Sonntag eben. Als schliefe alles noch. Ich schlürfe meinen zweiten Instantkaffee mit *"Reisdrink"* (für Kuhmilch-Allergiker eine bessere Alternative zur Sojamilch, die viel zu viel Meersalz enthält) und versuche, einigermaßen wach genug zu werden, um Literatur zu produzieren. Eigentlich habe ich gar keine Lust, diesen Text mit dem Zeigefinger ins Handy zu tippen, aber wie sagte meine Mutter so oft zu mir: *"Man muss auch mal etwas tun, worauf man keine Lust hat!"* Es ist einfach mühsam, Literatur mit Einfingersystem zu fabrizieren und die Hand ist sowieso schon seit einigen Monaten ziemlich verspannt durch den Bürohelferkurs, der mich digital weiterbilden sollte, um auf dem Arbeitsmarkt besser aufgestellt zu sein. Aber da es keine richtige Ausbildung mit Zertifikat war, sondern nur eine Teilnahmebescheinigung davon zeugt, daß ich jetzt klassisch-analoge Verwaltung kann und darüber hinaus auch etwas mehr Word als früher (z.B. SmartArt, Tabellen und andere grafische Layouttricks), Excel (Grundkenntnisse) und Powerpoint (von mir zur Erschaffung von Powerpoint-Poetryclips *"PPP"* missbraucht), erfülle ich viele Anforderungen in Jobprofilen noch immer nicht; denn: **die gesamte Lebenserfahrung, erfolgreiche Projekte und künstlerisch-visionäre Begabung zählen im veränderten Digitalzeitalter weit weniger als ein Hochschulabschluss und Agenturerfahrung.** Aber egal, ich komme schon wieder wie immer von Hölzchen auf Stöckchen (und könnte dann irgendwann nur noch SCHREIEN) und fokussiere mich daher nun wieder auf die Geschichte, die es heute zu verewigen gilt.

Also: Gestern schlenderte ein etwas älterer, großer, schlaksiger Typ mit weißem fransigen Vollbart und langem schütteren, ergrauten Haar an mir vorbei, der komplett in Rottönen gekleidet war (von Orange über Bordeaux bis ins Aubergine hinein) und mit indischem Schmuck behangen. Ich saß auf einem schattigen Mäuerchen und schleckte am Erdbeereis, sah ihm hinterher und erinnerte mich an ein verrücktes Erlebnis, das mir im Winter zu Anfang des

Jahres 1990 in Köln widerfuhr, als ich 22 war. Osho (geb. 11.12.1931), der damals berühmte Guru der Bhagwan-Bewegung, war gerade verstorben (am 19.1.1990), was ich damals allerdings gar nicht mitbekommen hatte, da ich mich in keinerlei spirituellen Kreisen bewegte, außer dienstags in der *"Kleinen Bhaggy"* tanzen zu gehen, was aber nur meinem Bedürfnis geschuldet war, mich beim Tanzen unbeobachtet und frei zu fühlen anstatt begafft und gemustert, wie es in dem Alter noch heutzutage üblich ist. In dieser Clubatmosphäre der damals von den großen Kirchen als mehr oder weniger gefährliche *"Sekte"* eingestuften Bewegung, die für viele nur aus den Schlagzeilen wegen spektakulären Meditationsmethoden wie Arbeits- und Sextherapie bekannt war, spürte ich immerhin eine gewisse undogmatische Selbstverständlichkeit, mit der jeder so sein durfte, wie er war, ob erleuchtet, erwacht oder auch nicht. Authentizität und ein freundlicher, liebevoller Umgangston waren wesentlich wichtiger als der richtige Dresscode, die richtige Frisur und der coole Blick der geschminkten (damals noch nicht gebotoxten) Unnahbarkeit, den viele mit Sex-Appeal verwechseln. Aber zurück zu dem seltsamen Erlebnis, das mir kurz nach Oshos Tod widerfuhr: ich saß wie so oft damals im Cafébereich des Museums Ludwig unterhalb vom Kölner Dom und studierte einige philosophische Bücher, als plötzlich eine extrem fette Pferdefliege mit ihren wunderschönen blau-grün-changierenden Augen- und Flügelfarben direkt vor mir auf dem Tisch landete und mich regungslos anstarrte. Ich beugte mich neugierig und ganz langsam vor zu ihr, um das erstaunliche Aussehen dieses Insekts besser betrachten zu können, völlig ahnungslos, was jetzt passieren würde, und ich betone noch einmal: ich las ganz normale intellektuelle Bücher für mein Diplom-Studium (Pädagogik mit Schwerpunkt Kunsttherapie), nahm keinerlei Drogen, wusste rein gar nichts von Oshos Tod und war auch mit keinem Gedanken beschäftigt, der um Themen wie Erleuchtung oder Parapsychologie kreist. Ich saß dort einfach nur völlig gechillt, ähnlich wie jetzt gerade hier in Düsseldorf Eller Süd (ich bin mittlerweile 54, aber es fühlt sich wie gestern an), und sinnierte über alle möglichen Fragen, als dieser fette Brummer sich ohne Angst ziemlich dreist vor mich setzte. Ich beugte mich also weit vor und wir schauten uns immer tiefer in die Augen, wobei das bei solch einem Insekt etwas seltsam anmutet, da man ja keine Pupille fixieren kann, sondern auf eine schwarz strukturierte Fläche schaut, die eher an eine Maske beim Fechtkampf erinnert, **als dieses Vieh plötzlich telepathisch zu mir zu sprechen begann! Klar, jetzt springen schon einige Leser berechtigterweise ab, ich lach mich tot, Esoterik hui buh, es wird paranoid, schizophren oder psychotisch, ich lese selber nicht weiter, da ich der absolute Gegner von magisch-mystischen Spinnereien bin** – aber da ich zugleich auch der Schreiberling bin, muss ich wohl notgedrungenerweise mitlesen und hacke mit meinem linken Zeigefinger weiter die Buchstaben ins Mobiltelefon ein: DIE FLIEGE SPRICHT ZU MIR!!! Meine Güte, wie kann das sein? Ich weiß es nicht, aber es war irgendwie witzig und mir machte das keine Angst, sondern ich schaute einfach verwundert zu diesem Tier und signalisierte ihm, ok, ich höre Dir zu. Sag mir, was Du zu sagen hast.

So, an diesem Punkt bitte ich alle Osho-Anhänger wegzuhören; denn jetzt wird es krass ketzerisch! Diese Fliege, ja, diese fette, dunkle Fliege, sitzt da regungslos vor mir, hat keinerlei Angst vor mir, als ich immer näher komme, und sagt dann ganz deutlich wie in einem Traum, wenn jemand in Gedanken zu einem spricht: *"ICH BIN OSHO UND DU BIST VÖLLIG OK, SO WIE DU BIST. ALLES LÄUFT PERFEKT, MACH GENAU WEITER SO!"* Das muss man sich erstmal vorstellen, ich meine, das ist der Wahnsinn, hey, mit sowas rechnet doch keiner, es sei denn, man ist auf einem LSD-Trip oder so! Ich war einfach völlig verblüfft, dachte nur, ok, das ist ja sehr schön, hatte auch keinerlei Zweifel an der Richtigkeit ihrer Aussage und empfand das in dem Moment als absolut selbstverständlich, dass die Fliege überhaupt zu mir sprechen kann. Auch dass sie behauptete, der berühmte Guru Osho zu sein, fand ich weder komisch noch fragwürdig; denn es verlief alles mit einer so selbstverständlichen und nebensächlichen Klarheit, umgeben von der Café-Atmosphäre mit Chillout-Musik und vor dem Fenster vorbeiflanierenden Touristen, dass ich einfach nur *"DANKE! OK, MACH ICH!"* erwidern konnte. Ja, ich bedankte mich bei der Fliege, als sei es tatsächlich Osho, der zu mir sprach, und ich freute mich sogar, dass er sich nicht zu schade war, in einem Insekt in geheimer Mission bei einem extrem religionskritischen Typ vorbeizuschauen, der ein Jahr vorher bereits seine eigene Erleuchtungserfahrung gemacht hatte und wahrlich keinen Guru mehr brauchte, um irgendein abgehobenes Ziel zu verehren! **Das war eher ein Gefühl, als besuchte mich ein großer Bruder, ein Seelenverwandter, ein Gleichgesonnener, der mir Mut machen wollte, dass wir nicht alleine sind. Nach dem Motto: mach Dir nix draus, dass Dich die oberflächliche Welt weder versteht noch braucht, das ist normal und das muss sogar so sein.** Es war auch irgendwie eine Art Lob, weil ich mich nicht selber profilneurotisch als Guru vermarkten wollte, sondern es vorzog, als Künstler mit sogenannten *"Lochperhappenings"* aufzutreten, um den Ball flach zu halten und die Erfahrung des Lochs anderen spielerisch zu vermitteln, anstatt mich als heiligen Lochdiktator aufzublähen, der über ein Geheimwissen verfügen würde. Nein, wenn ich eins hasste (und das noch immer tue!), dann dieses Gurgur der *"erwachten"* Sektenführer, die ihre Schäfchen schröpfen und davon gut leben können. Meine Mission war eine andere und ich ahnte das damals schon und da kam eine solche Oshofliegen-Begegnung genau richtig! Danach brummte das Vieh auch bald fort und ich saß wieder alleine an diesem hintersten Tisch in dem schmalen Korridor des Cafés und starrte aus dem Fenster, als sei eigentlich gar nichts passiert.

Aber das Beste kommt jetzt erst, Leute, haltet Euch fest, es wird unheimlich: ich sitze da also weiterhin völlig gechillt, es läuft diese Wellnessmusik, die einem helfen soll, alle Weltprobleme zu vergessen und die Schreie der Verwundeten, Sterbenden, Leidenden und um Gnade Flehenden nicht zu hören, die in der gesamten flimmernden Luft rund um den Planet hängen und mir noch nie möglich waren zu verdrängen, aber ich sitze da, tue so, als sei ich entspannt und ein normaler junger Student, der einfach in Ruhe ein Buch liest und keinerlei Ahnung von irgendwas hätte, aber trotzdem passiert nach etwa einer halben Stunde Folgendes: Ich bemerke aus den Augenwinkeln ganz vorne im großen Raum des Cafés, dass ein Sannyasin (so nennt man die Osho-Anhänger) mit völlig durchgeknalltem stechenden Blick das Café betritt und wie ein aufgescheuchter Spürhund mit einer aufgeregt suchenden Ausstrahlung zwischen den Tischen umherläuft und dann plötzlich die Richtung zu mir einschlägt. Ich schwöre: ich habe versucht, wirklich so unauffällig wie möglich da rumzusitzen und keine Ausstrahlung zu haben, aber der Typ hat irgendwas wahrgenommen, was ihn in meine Richtung treibt, und bevor ich überhaupt darüber nachdenken kann, ob und wie ich vor ihm flüchten könnte, steht der schon neben mir, kniet sich zu meinem Sessel runter, schaut mich mit entzücktem Gesichtsausdruck an, verneigt sich leicht mit gefalteten Händen zum Gebet oder Gruß, wie es die Buddhisten gern tun, und eröffnet das Gespräch mit den Worten: *"ICH SPÜRE SEINE ANWESENHEIT – MEIN MEISTER IST NAHE, GENAU HIER UND JETZT!"* Nicht schon wieder, denke ich nur, und überlege kurz, ob ich ihm verraten sollte, dass er Recht hat, aber nicht weil Osho erst vor wenigen Minuten weggeflogen war (er hätte sich wahrscheinlich total verarscht gefühlt!), sondern weil ich inzwischen kapiert hatte, dass ich selber Osho war, <u>so wie jeder Erwachte niemand anderes als NIEMAND ist und sich Niemande eben wie stinknormale Brüder ganz nebenbei begegnen, wenn es denn zufällig geschieht.</u> Aber ich entscheide mich instinktiv, meine Klappe zu halten, weiterhin mein dekadentes, harmloses Pokerface zu zeigen und ihm zu signalisieren, dass ich nicht weiß, wovon er da redet, und auch nichts damit zu tun haben will. Und so ist es bis heute geblieben: es gibt keinen einzigen Kerngedanken in dem Gehirn, das sich um den Körper kümmert, der im Spiegel erscheint, der damit zu tun haben wollte. Aber das Schöne ist heute nach über drei Jahrzehnten: Diese Bewusstheit des ichlos Wahrnehmenden hier (ja, ich rede von *"mir"* so verschwurbelt, um das idiotische Wort *"ich"* grammatikalisch zu umgehen), hat so viele Geschichten im Laufe seines Lebens erfunden, gesehen und mitgespielt – eigene und die von anderen, zwanghafte und zauberhafte –, in die man neuromagnetisch involviert war, dass es immer deutlicher wurde, **wie kostbar die durchgeknalltesten analogen *"Selbsterfahrungen"* in einer so fürchterlich kranken und kaputten und sehr bald schon durchdigitalisierten Welt sind, dass man ruhig laut darüber berichten kann, ohne als verrückt abgestempelt zu werden.** <u>**Verrückt sind in echt nämlich ganz im Gegenteil die neurotischen langweiligen Zombies, die als konditionierte Schatten ihrer selbst mit aufgespritzten Lippen, Bizeps, Brüsten, *"definierten Pos"* und heulenden Motoren um die Kö jagen und sich Armbanduhren für 300.000 Euro kaufen, die ihnen anzeigen, wie ihre Lebenszeit dumpf, zerstörerisch und sinnlos vorbeitickt.**</u> **Mein Lebensgefühl war schon immer, so ehrlich zu sein wie am letzten Tag. Ich habe nichts zu verlieren, noch nicht einmal *"mich selbst"*.** ES atmen hier Lungen, ES denkt hier ein Gehirn und ES schreibt hier ein Zeigefinger auf, was sonst verloren ginge. Die letzte Giraffe kehrt durch meine Geschichte zwar auch nicht zurück, aber eine Oshofliege ist auch nicht verrückter als eine Giraffe – das Leben IST ein Märchen und wir sind alle Zauberer und Engel!

ICHLOSIGKEIT IM 21. JAHRHUNDERT

Ich bin NICHT spirituell, sondern *"transspirituell"*; früher nannte ich es **TRANSRELIGIÖS (was eben kein Synonym von *"interreligiös"* ist, sondern jegliche Religiosität transzendiert!)**, aber seit meinem Kontakt zu anderen Ichlosen verwende ich das Wort *"transspirituell"* zusätzlich. Das liegt an der Begriffsdefinition. Ein Mensch mit einem STARKEN ICH-WUNSCH setzt sich zu allen spirituellen *"Objekten"* (wie z.B. Gott, Leere, Unendlichkeit, Liebe etc.) in eine Beziehung, so wie es Martin Buber im *"Ich und Du"* beschreibt. Dadurch kann sich ein starkes Ich bis zur symbiotischen Verschmelzung mit dem *"Objekt der Begierde"* verbinden. Das führt dann zum Ich-Erleben als Erleuchtung, Mystik, Magie usw.

Wenn das Ich flöten geht, verpufft, verschwindet, schweigt, also diese Stimme im Kopf, die behauptet, sie sei das Denken, sie mache die Gedanken, sie fühle die Gefühle, wenn diese Ich-Stimme nicht mehr existiert, dann verpuffen auch logischerweise all die Objekte, die das Ich *"erfand"*, um sich zu ihnen in Bezug zu setzen. DANN gibt es keinen Denker der Gedanken, Fühler der Gefühle, genialen Kreativnerd, der geniale Kreativprodukte kreiert. Sondern: der Mensch empfindet alles einfach nur noch konkret als das, was es ist. METAPHYSIK verschwindet dadurch automatisch; denn sie bedarf eines Ichs, das die metaphysischen *"Dinge"* definiert. Das Ich ist das Gefäß, in das der Mensch seine Erfahrungen & Erkenntnisse hineingießt und eine Glocke daraus schmiedet wie in Schillers berühmtem Gedicht. **Diese ich-hafte Methode der Herangehensweise an *"DAS GANZE"* hat alle Religionen, alle Gottesbilder und alle Weltbilder hervorgebracht. Die Ichlosigkeit scheint eine eher neuere und seltenere Methode zu sein, da sich die Menschheit von klein auf zu starken Ichs erzieht, anstatt schon den Kindern mithilfe von Yoga, Meditation etc. einen Zugang zum "ichlosen Seinsgefühl" zu vermitteln.** DAS spricht sich anscheinend als Zivilisationskritik mittlerweile schon in akademischen Kreisen herum, weshalb bereits Neuropsychologen, Physiker und *"ehemalige Spirituelle"* darüber schreiben, forschen und Hypothesen aufstellen, was Ichlosigkeit genau ist, kann und für die Menschheit bedeutet.

Der erste Autor, den ich auf meinem eigenen ich-haften Lebensweg kennenlernte, der seine Haltung zum Leben so beschreibt, ist ALAN WATTS. Er verglich seine Lebensart mit Zen, Taoismus und Buddhismus und entdeckte Hinweise in spirituellen Traditionen auf das, was ich jetzt *"transspirituell"* nenne! Seitdem suchte, fand und las ich jahrelang immer mehr LEBENDE

Autoren, die gewollt oder unbewusst an Watts anknüpfen. Und dann entdeckte ich total überrascht, dass es eine gesamte Tradition der Ichlosigkeit gibt, leider auch mit Gurus, Scharlatanen und narzißtischen Quacksalbern, denen es nur um niederträchtiges Ausnutzen (Geldmacherei und Sektenähnliche sexuelle Ausbeutung) der aufrichtigen Suche von *"spirituellen Suchern"* geht. Aber es gibt zum Glück auch ganz großartige Leute in dem Milieu, wie z.B. TONY PARSONS (steinalt) und ANDREAS MÜLLER (blutjung), die ihren Anhängern, Fans, Klienten, Schülern sagen: **"Sorry, ich bin kein Guru, du kannst mich nicht anhimmeln, als sei ich ein weiser, erleuchteter Buddha; denn MICH GIBT ES NICHT."** Das treibt manche Suchende in den Wahnsinn, in die Verzweiflung, da es für sie paradox und unerträglich ist, dass jemand einerseits *"das Höchste"* (aus der ich-haften Sicht des sich vermeintlich immer höher entwickelnden Bewusstseins) erreicht hat, was man von Meditation gemeinhin gelernt hat, erwarten zu können, aber WEIL (!) er es erreicht hat, nicht mehr als ich-hafte Person zur Verfügung steht. Das ist der Grund, warum ich *"persönlich"* nie Guru sein könnte: ich bräuchte ein starkes Ich als Person-hafte Identität (das ich früher durchaus hatte, als ich noch manisch-paranormal mit der Welt umging!), das alles als geistige OBJEKTE zum BesitZen anbietet: **Tu dies und jenes, um DIE Leere zu erfahren, tu dies und jenes, um mit DER Unendlichkeit eins zu werden, tu dies und jenes, um Gott zu spüren, zu sehen, mit ihm zu reden und die Welt in *"seinem"* Lichte zu sehen. Die Ichlosigkeit dagegen kennt keine Objekte mehr. Es bedarf des Ichs, um die Welt mit geistigen OBJEKTEN zu definieren!**

Für einen Ichlosen verpufft all der Pathos, die Romantik, das Metaphysische, die Magie, weil da kein Ich mehr im Körper wohnt, das sagt: ich bin der Seher des Gesehenen und interpretiere all das Gesehene. Sondern: die AUGEN sehen selbst, die HAUT spürt selbst, das DENKEN denkt selbst. Kein *"Ich"* nötig, um all das zu *"machen"*. Es PASSIERT automatisch. Diese Veränderung geschah bei mir im Herbst 2014, davon berichtet mein Essay NAMENFREIHEIT sowie meine 3 Bücher mit den Titeln *"Grundlose Inwesenheit"*, *"Null Nerd"* und *"Das Tabu der Psychiatrie"*. **Es gibt in der Spiriszene extrem narzißtischen Neid auf Ichlose, da die arroganten Gurus ahnen, dass sie etwas nicht gecheckt haben, was aber die eigentliche Botschaft ist, die absurderweise sogar sie selber verbreiten, aber nur um damit Geld zu machen!** Ein Ichloser HAT (= glaubt an) keinen Gott mehr, da es eines Ichs bedarf, um etwas zu besitzen. Wenn sich das Gefäß auflöst, in das man die heiligen Objekte gießt, lösen sich diese Objekte mit auf. Daher empfinden religiöse Menschen den sogenannten Nihilismus als so brutal, als zerstörerisch und nicht wertschätzend. **Aber in echt hat kein Ichloser das böse Bedürfnis, andere zu belehren oder zu verletzen. Wir sind lediglich noch in der Minderheit und genauso Ketzer, die vor moderner Inquisition gefährdet sind, wie es früher schon Freigeister und Mystiker waren.** Heute landet man eben nicht auf dem Scheiterhaufen (bestenfalls mit *"Gotteswahn"* in der Psychiatrie), sondern man tritt selber aus der Kirche aus, aber kriegt dann bei der Diakonie z.B. keinen Job mehr, weil die keine Konfessionslosen einstellen. Diese Diskriminierung habe ich selber erlebt. Seitdem beginne ich offensiv über meinen Zustand zu reden, um diese Haltung aus der Ecke der missverstandenen *"spirituellen Verrücktheit"* in ein TOTAL NORMALES, BANALES Licht zu rücken.

Meine Mission ist daher seit einigen Jahren, dazu beizutragen, dass Ichlosigkeit NICHT mehr entweder ketzerisch stigmatisiert wird oder als unnötig überhöht *"erleuchtet"* gilt, sondern auch Jesus und Buddha keine Heiligen waren, sondern exakt das Gegenteil: zu 200% stinknormale, banale Menschen, WEIL (!) sie den *"höchsten"* Zustand erreichten (Jesus allerdings erst, nachdem ihn sein Vater verlassen hatte, weshalb die Auferstehung aus ichloser Sicht bloß das trivial-heilige Identischsein mit der *"unendlichen leeren Natur"* symbolisiert), in dem Du Dich wieder ganz als NATUR, als natürlich empfindest. Dadurch findet ein Clash der verschiedenen Spiritualitäten statt! Ein Zusammenprall von altem und neuem Paradigma, ein wirklich krasser Zeitenwechsel. **Wir leben womöglich in der beginnenden Epoche kollektiv erwachender Ichlosigkeit; denn es werden immer mehr, die das Korsett des Ich-Käfigs abstreifen und DAS LEBEN 100% pur spüren: ALS Leere, ALS Fülle, ALS unendlich, ewig, zeitlos urknallfrei UND zugleich vergänglich, zeithaft, ursächlich.** Plötzlich gibt es keine Paradoxien mehr, alle Kōans sind geknackt, alle Zen-Meister lachen laut los: die Party der ECHTHEIT beginnt! Die *"Surrogates"* (Scifi-Film mit Bruce Willis!) wurden abgeschaltet, dem Fake-Ich die Energiezufuhr gestoppt. Der Mensch erwacht zum vollen ABSOLUTEN (nondualen) Da-Sein: DA sein... da SEIN... da, sein, da, sein, da da da da da da und da – überall durch und durch nur SEIN. Nietzsche würde vor Neid erblassen, wie leicht das sein kann, was ihm noch unter großen psychischen Anstrengungen bewusst wurde! Und jeder Pfarrer könnte vor Neid erblassen, weil der Ichlose WIRKLICH eins mit Gott ist. Nur was der Pfarrer paradox fände: dass der Ichlose *"behauptet"*, Gott sei zugleich tot. Warum? Weil nur das Ich solche heiligen Objekte erfindet. Das Ichlose ist nicht mehr dualistisch wie jede Metaphysik. **Das Ichlose schaut und spürt nondual.** Der Mensch ist dann zur vollständigen Wechselwirkung erwacht, Haut berührt Haut, anstatt *"ein Ich redet mit anderen Ichs"*. DELETE YOUR SURROGATE, BECOME A SURE GATE!

RADIKALE RESILIENZ

Frag Dich: WER ist das, der zaudert, zögert und zweifelt? WO ist diese Stimme, die da in Dir redet? WER ist diese Stimme? Nur das (von sich selbst) eingebildete ICH! Die größte Illusion der Menschheit, größer sogar als Gott; denn das Ich hat Gott erfunden, weil es sich selbst nicht finden kann, aber mit irgendetwas eins werden möchte. Und so glaubt das Ich, es sei im Innersten eins mit Gott und sucht fortan nach ihm, in der Hoffnung, bei sich selbst anzukommen. Aber das Ich existiert ebenso wenig an sich wie all seine mentalen Erfindungen! **Da ist niemand, der irgendwo ankommen müsste, als sei er noch nicht da. In Wahrheit ist ALLES SCHON DA. Fühl Dich wie ein Fels, das hilft und heilt: er steht nur *"absolut"* mächtig felsenfest herum und IST einfach kosmischer Fels. Mehr ist der Mensch im Grunde auch nicht. Nur dass er *"darum weiß"*, dass er ein Haufen Elemente IST.** Aber alle mentalen Probleme sind ICH-Probleme. Das Ich HAT sie (Neurosen), erfindet sie (Paranoia), sammelt sie (Traumata) und tötet den Mensch (Selbstmord), der an dieses Ich glaubt, obwohl der Mensch den *"Virus ICH"* eigentlich gar nicht hat; denn Du bist kein Ich, sondern ein Fels. Kein Fels braucht mentale Dinge wie Depressionen oder Drogen. Er steht umspült von Meerwasser am Strand und *"hat"* nur Stein. Manchmal hört der befreite Mensch dem Ich zu, wie es losreden und *"Probleme machen"* will. Dann hört er, DIESER GANZE MENSCH, einfach weg und lauscht dem Wind, dem Wasser, den Vögeln, dem Staubsauger, den vorbeirauschenden Zügen oder dem Streicheln seiner Haut. **Das Lauschen benötigt kein Ich, es umgeht das Problem, indem es eine DIREKTE Sinnesempfindung darstellt: es ist nämlich das Ohr, das lauscht und nicht das Ich!** Dieses überflüssige, künstliche ICH hat uns die Kirche, die abendländische Philosophie und der moderne Staat eingeredet. Vom ersten Schultag an heißt es: lern so schnell wie möglich, einwandfrei ICH zu dir selbst zu sagen – obwohl du FELS bist. Die ganze Zivilisation besteht aus Zombies, Surrogates, selbstreferenziellem Sprechen, Ichfanatikern – und diese Ichs zerstören den Mensch, das Klima und alles, was nicht Fels ist. Das Zauberwort heißt daher: totale Disidentifikation! Solange Du, der Fels, Dich mit dem Ich identifizierst anstatt Dich als Stein von ganz tief innen *"steinern"* zu fühlen (oder *"blumig"* als Blume), hat Dich die mentale Illusion erbarmungslos fest im Griff und duldet kein Schweigen. Das Ich will sich permanent selber denken. Aber Du brauchst es nicht. Dein Geist ist ein leerer Durchlauferhitzer, der das denkt, was vorhanden ist. Alles, was da ist, wird getan. Mehr gibt es nicht. Was nicht wirklich da ist, dient nur dem Gedächtnis des Ichs, um der Leere auszuweichen. Aber eines Tages wirst auch Du nichts mehr denken, sondern DAS GANZE LEERE

UNENDLICHE SEIN spüren, wie es sich als Blumen und Felsen zeigt. Das wird Dein erster echter Gedanke beim Aufwachen sein: **ALLES IST DA UND LEER ZUGLEICH! Die Unendlichkeit erwacht in jeder Zelle und kommuniziert mit sich selbst...**

DAS THEATER DER REALITÄT
(EINE VERMUTLICH UNGEWOLLTE HOMMAGE
AN DEN ANTIGURU ANDREAS MÜLLER)

Manchmal merken manche Menschen, dass sie nur Sklaven einer fundamentalen Selbstlüge waren, nämlich dem kollektiven Glauben an eine Identität. Durch dieses Aufwachen aus dem unsichtbaren Theater der Gesellschaft, das uns zu stolzen Vertretern von unterschiedlichen Meinungen über Dies & Jenes erzogen hatte, geschieht etwas Wundervolles, das nicht mehr rückgängig gemacht werden kann: diese totale Freiheit der natürlichen Realität wird als Bewusstsein ihrer selbst in einem Körper wahrgenommen, der neben unendlich vielen anderen Körpern vorhanden ist, angefangen bei Sandkörnern über Sinnesorgane von Pflanzen, Tieren und Menschen bis zu Galaxienhaufen und der unbegreiflichen Leere zwischen allen Sternen und subatomaren Schwingungen. Da ist plötzlich kein Mensch mehr mit einem Namen und einem Beruf, sondern dieses klebrige Gift der psychischen Matrix zersetzt sich in Wohlgefallen und erzeugt eine <u>RADIKALE RESILIENZ gegenüber den Neurosen, Psychosen, Depressionen, Paranoias, therapiebedürftigen Traumata und Selbstmordgedanken, die von dem Identitätswahn ausgehen, weil da niemand mehr ist, der diese Aktivitäten des Gehirns und speziell des Gedächtnisspeichers auf sich bezieht.</u> **<u>Dieser Speicher wird dadurch nicht leer, dass die Person dazu fehlt, sondern das Fehlen der Person bewirkt umgekehrt, dass niemand mehr da ist, um diese Bewusstseinsinhalte ernst zu nehmen, sich mit ihnen zu beschäftigen und sich von ihnen beeinflussen zu lassen.</u>** <u>Stattdessen nimmt das befreite Bewusstsein nun alles, was unmittelbar vor den Augen geschieht anstatt nur gedanklich, einfach wahr und reagiert darauf spontan, ohne eine spezielle Absicht zu verfolgen.</u> Das führt zu ungeheuren Erleichterungen und Energiereserven im staunend wertneutralen Umgang mit anderen Neurosen und Absurditäten, die uns tagtäglich auf den Straßen und an den Arbeitsplätzen begegnen. Anstatt auf gewalttätige Angriffe oder respektlose Übergriffe mit Gegengewalt zu reagieren, entsteht automatisch die Kompetenz, möglichst deeskalierend zu handeln und das Zerstörungspotenzial so gering wie möglich zu halten. Erwachte sind keine Weicheier, die alles mit einem spirituellen Weichzeichner erleben, sondern tabulose Kommunikatoren, die eher den künstlich erzeugten Wind aus den Segeln nehmen als einen überflüssigen Orkan heraufzubeschwören. Vielleicht ist das die wahre Revolution im Zivilisationsprozess dieser bekloppten Spezies, die sich gegenseitig kaputt macht, aber diese fast unmerkliche Revolution ist eine unauffällige stille Entwicklung, die ganz nebenbei parallel zum politischen Schwachsinn abläuft und sich kaum spürbar als *"sanfte Verschwörung"* (Begriff bitte googeln!) ohne Organisation oder Führungspersönlichkeiten entfaltet. Wo keine Personen mehr existieren, die sich mit individuellem Machtanspruch von Übermenschen präsentieren, sondern nur noch übersensibilisierte *"Nebenmenschen"* miteinander kooperieren, um Leben zu schützen und zu retten, da ist das mediale Trara und Tamtam nicht mehr schrill und laut genug, um auf sich aufmerksam zu machen, sondern da geschieht einfach das echte Leben aus sich selbst heraus. Es bleibt daher spannend bis zum letzten Atemzug oder Augenblick, ob die Individualitätssklaven oder die Selbstbefreiten (gemeint ist: die von *"sich selbst"* Befreiten!) das Rennen machen oder ob der Planet bereits vorher den Löffel abgibt, den wir zum Auslöffeln der Suppe benötigen, die wir uns selbst eingebrockt haben. Der Brocken ist angeblich bald unverdaulich und liegt darum so schwer im Magen, dass alle daran zugrunde gehen, ganz gleich ob sie Vertreter von Meinungen sind oder meinungsfreie Vertretungen der natürlichen Realität.

SPIRITUALITÄT (SINNSUCHE) & TRANSRELIGIOSITÄT (SOSEIN)

Wie viel Prozent der Menschheit stellt sich die sogenannten *"letzten Fragen"* nach Sinn, Sein, dem Ich und Gott – und warum? Auf so manch anständig angepassten Bürger, der (scheinbar) problemlos seinem lebenslänglich gesicherten Arbeitstrott im Büro, der Fabrik oder auf der Chefetage einer Luxusyacht nachgeht, wirkt die verzweifelte Suche nach Erleuchtung vielleicht ziemlich schräg, ja womöglich sogar total *"psycho"*, weil er die existenzielle Not und Notwendigkeit darin (noch) nicht erkennt.

Das Bedürfnis nach Antworten entsteht oftmals erst mit der wachsenden Nähe zum Tod: durch den nahenden eigenen oder dem Sterben eines Nahestehenden oder dem plötzlichen Ableben eines Prominenten, der zur Alltagskultur so selbstverständlich dazu gehörte, dass sein brutales Verschwinden eine klaffende Wunde, ein Loch in der Matrix, eine Ohnmacht und Kommunikationsleere erzeugt. Die Massenmedien können uns mit keinen weiteren Skandalen unterhalten, die den langweiligen Job wenigstens beim Smalltalk in der Mittagspause erträglich machten, oder die einzigen tiefen, ehrlichen Gespräche, die wir mit einer geliebten Vertrauensperson führten, laufen nun ins Leere: der Mensch ist einfach tot, nicht mehr verfügbar, um von uns selbst abzulenken. Dann spürt der geschockt Zurückgebliebene in aller Demut sein eigenes Ausgeliefertsein an den natürlichen Prozess der Realität und beginnt sich zu wundern: was soll das denn alles, wenn es sowieso für immer endet und von niemandem nichts in ein erhofftes jenseitiges Paradies mitgenommen werden kann? Wozu diesen ganzen irdischen Reichtum besitzen und anhäufen, wenn von dem schnellsten Jäger und besten Sammler am Ende nur abgenagte Knochen oder im Winde verstreute Asche übrig bleibt?

Diese Fragen hat dann DAS ICH des Menschen und **da wir gelernt haben, unsere Identität mit dem Ich zu identifizieren, glauben wir nun, alle Fragen beantworten zu müssen, um weiter lebensfähig zu sein, nicht depressiv oder gar suizidal zu werden.** Wir mutieren zu spirituellen Suchern, die große SINNSUCHE hat begonnen. Wir lesen esoterische Lebensratgeber und meditieren für viel Geld bei den berühmtesten Gurus, um wenigstens ab und zu *"Bliss"* zu erfahren, also kurzfristige spontane akute Erleuchtung, die uns helfen soll, das katastrophale Weltgeschehen zu ertragen. Eine finale nachhaltige Dauer-Erleuchtung erreichen wir komischerweise nicht, sondern verstricken uns immer tiefer in die absurdesten Wellness-Techniken zur sporadischen Erfahrung von Ichlosigkeit und Gedankenleere – und der strategische Bewusstseinscoach bietet uns bereits einen Frühbucherrabatt für den nächsten Schweigeretreat oder Atemworkshop oder Yogakurs, um unsere *"heiligen"* Erfahrungen zu vertiefen und zu verfestigen. Aber WER ist da eigentlich auf Sinnsuche und konsumiert irgendwann geradezu zwangsneurotisch jedes spirituelle Angebot, um mit *"sich selbst"* weiter zu kommen, in der Hoffnung, die Suche möge noch rechtzeitig in einer bombastischen Erlösung münden, wodurch man dann endlich das schallende Gelächter der Zenmeister verstünde? Die frohe Botschaft lautet leider ganz anders als erwartet: **der einzige, der da etwas sucht, ist das ICH – und dieses Ich, das uns kollektiv-hypnotisch anerzogen wurde, hat sich im Denken ein grammatikalisches Gewohnheitsrecht erobert. In Wahrheit ist das Ich aber nur ein banales Wort, ein absolut hohler Begriff, ein substantivischer Satzanfang, der von sich selber glaubt, mehr als ein Wort zu sein, nämlich eine Sache, eine Entität, eine metaphysische Zentrale im neuronalen Netzwerk.** Diese Zentrale konnte allerdings durch kein einziges neurobiologisches Experiment gefunden werden, im Gegenteil: unter progressiven Wissenschaftlern wächst der Verdacht, dass das Ich nur eine verselbständigte Funktion des Gehirns darstellt, die von sich glaubt, eine eigenständige Person darzustellen.

Das Ich redet dann von *"sich selbst"* als das wahre SELBST des Menschen, seiner Seele, seiner inneren Mitte und dem gleißend goldenen Lichtquell, an dem der erleuchtete Durchgang zu Gott oder dem unendlichen Nichts zu finden sei. All das erweist sich bei genauerem Hinsehen als schizophrener Schildbürgerstreich! **Dieses Ich, das sich vom eigentlichen Körpergefühl letztlich komplett dissoziiert hat, indem es behauptet, es sei *"Geist"* im Gegensatz zu MATERIE, ist nur ein triviales Wort in der Grammatik der Denkprozesse, das sich nur sehr schwer vermeiden lässt, wenn sich Menschen über ihre unterschiedlichen Meinungen austauschen wollen.** Es fällt einem schwer, eine ichfreie Formulierung für *"Ich schwitze mich tot!"* zu finden, wenn man den Zustand ohne Ich definieren will, also z.B. mit dem Satz *"Die Temperatur treibt die Körperflüssigkeit so krass an die Hautoberfläche, dass kein klarer Gedanke mehr möglich ist!"* Diese ichneutrale sachliche Formulierung wirkt auf uns übertrieben gestelzt, borniert, intellektual verschwurbelt und zwanghaft bemüht. So reden normale Menschen nunmal nicht. Sie benutzen das Wörtchen *"ich"*, um den Dialog möglichst leicht und schnell voran zu treiben. Dabei gerät aber über die Jahre in Vergessenheit, dass es kein echtes Ich gibt, sondern DAS DENKEN DENKT und der Mensch sich damit nicht zu identifizieren braucht. Die tatsächliche Ichlosigkeit, die vom spirituellen Sucher sehnsüchtig zur religiösen Erleuchtung überhöht wurde, weil er ahnt, dass das Denken dann keine traumatischen, depressiven, suizidalen Probleme mehr bereitet, diese **natürliche Ichlosigkeit der gesamten Realität ist der Urzustand jedes Atoms, jeder einzelnen Zelle, jedes Organs, jedes Sterns, jeder Galaxie und des gesamten Universums! Das Universum hat kein Ich, das zu sich selber sagt, es sei das Universum, sondern das Universum IST einfach das unendliche Ganze, das in Form von unzähligen Details erscheint, die ebenfalls einfach nur das sind, was sie sind, ohne ein Ich zu haben, das zu sich sagt, es sei der Grashalm, der Strand, das Insekt oder der Baum. Darum behauptet auch kein ichbefreiter Mensch von sich, dass** *"er kein Ich habe"* **(also ein Erleuchteter sei), weil da niemand mehr ist, um etwas zu haben.** Aber den ganzen Tag im Verkehr der gesellschaftlichen Matrix mitzuspielen, ohne das Wörtchen *"ich"* zu verwenden, ist schier unmöglich oder zumindest extrem umständlich. Ichlose Freunde verzichten darum gerne auf diese grammatische Genauigkeit anstatt das Wort *"ich"* esoterisch zu tabuisieren. Aber inhaltlich hat das Wort eine völlig andere, neue Bedeutung bekommen: anstatt eine Person zu bezeichnen, definiert es die gesamte Komplexität einer Situation, wie sie der Sinneswahrnehmung erscheint. Wenn ein *"zur Ichlosigkeit erwachter"* Mensch in einer Bar sagt: ICH FINDE ES ECHT SCHÖN HIER, LASS UNS BLEIBEN UND WAS TRINKEN – dann meint er eigentlich: **alles, was gerade hier und jetzt passiert, passt wie immer und überall perfekt zusammen, da bedarf es keiner absichtlichen Änderung durch ein künstliches Ich, das dem Moment seinen Willen aufzwingen könnte,** und die Preise für die Cocktails sind ok.

Warum muss über all diese *"verrückten"* psychologischen Dinge überhaupt so explizit diskutiert werden? **Weil die Psychiatrie immer noch von der modernen abendländischen Doktrin der Individualpsychologie dominiert wird, gemäß derer das Ich als reale Instanz existiert, die enttraumatisiert werden muss,** von Neurosen geheilt und von Suizidgedanken befreit, um den Mensch aus seiner selbst geschaffenen Gefahrenzone zu manövrieren, dem virtuellen Gefängnis, das in Wahrheit eine Fata Morgana des sich selbst reflektierenden Denkens ist! Die frohe Botschaft der natürlichen Ichlosigkeit der gesamten *"Realität"* oder *"Materie"* (was ja auch nur substantivierte Werbeslogans für das wortlose, undefinierbare Ganze sind!), hat daher eine paradoxe Kehrseite: **kein Ich kann diese Ichlosigkeit durch irgendwelche Maßnahmen entdecken, erfahren und besitzen, aber hofft trotzdem inbrünstig, durch die teuersten, vornehmsten und originellsten psychotherapeutischen oder paranormalen Techniken die erfundenen Mauern seines Identitätsgefühls als Person zu sprengen, um hinter der labyrinthischen Hyperreflexion mit Gott zu verschmelzen.** Falls ein Mensch sich aus irgendeinem Grund plötzlich nicht mehr mit dem Wort Ich identifiziert (was sogar durch Einsatz von Psychopharmaka passieren kann, die den destruktiven Gedankenkreisel zum Stillstand bringen!), sondern das Denken (in aller Schwere!) von alleine denken lässt und die Beine (mit allen orthopädischen Schmerzen!) von alleine gehen lässt, den Mund von alleine sprechen, die Augen von alleine schauen und die Gefühle von alleine fühlen lässt, dann tritt ein radikaler Zustand ein, der zum viel größeren Staunen anregt als jede esoterische Erleuchtung des Ichs: <u>der Mensch kann dann nie mehr zum psychiatrischen Fall degradieren, sondern lebt aus einer RADIKALEN RESILIENZ gegenüber dem Orchester seiner vielen früher antrainierten</u> **Ich-Stimmen, die ihm wie Programme eines Computers erscheinen, die nicht gelöscht wurden, obwohl NIEMAND mehr da ist, der sie braucht.**

Vor einigen Jahren war es dem hier schreibenden Autor kaum möglich, darüber so sachlich, klar und trivial zu schreiben, da eine Rest-Ich-Struktur derart angeekelt von spirituellen Szenen war, dass die Sorge bestand, von religiösen Fanatikern und depressiven Verehrern von Gurus belagert oder bombardiert zu werden. Die profilneurotische Übermensch-Projektion von Suchenden, die nicht kapieren, dass es keinen Sieger gibt, der den Gral gefunden hat, sondern dass der heilige Gral eine Erfindung von Suchenden ist, die auf den Zustand des *"zur natürlichen Ichlosigkeit"* Erwachten neidisch sind, weil sie glauben, da sei JEMAND, der erwacht wäre, während sie selber *"noch träumten"* – diese überhöhende Projektion der Verzweiflung auf einen grundlos fröhlich INWESENDEN ist die Geburtsstunde von Sekten und Glaubenssystemen, gegen die der hier schreibende Mensch immer schon selbst immun war und nicht zu dem Irrtum beitragen wollte, dass Menschen einen Bruder oder eine Schwester zu einem Heiligen überhöhen, weil sie sich selber als Gefangene ihrer seelischen *"Abwesenheit"* empfinden und sich nach irgendeiner *"Anwesenheit"* sehnen. Der Autor ist nur die Figur des Schreibenden, dessen Finger Buchstaben tippt und der über keinerlei Weisheit verfügt, die ihn zu einer besonderen Person macht. Das Einzige, was in diesem denkenden Gehirn passiert, ist die Freude am Denken wie an allem anderen, was parallel passiert. **ALLES PASSIERT einfach, frei von einer Person, die das persönlich nähme.** So ist das Leben nun mal. Auch wenn Du noch glaubst, eine Person zu sein, die die Ichlosigkeit suchen müsste. Der Spliss im Haar ist existenziell bedeutsamer als der Bliss im Hirn, aber das Hirn kann Deine ichlosen Haare nicht sehen...

NARRKOSEN STATT LIEBKOSEN

Das Schmerzempfinden verändert sich durch die Ichlosigkeit, weil keine Person mehr als innere Stimme herumjammert und sich nach einem anderen Zustand sehnt. Man ist einfach das, was man ist, und macht *"das Beste"* draus, wie man so sagt. Weil man lebt. Weil man da ist. Weil man atmet, redet, läuft und sitzt und fährt und tut, was möglich ist. **Das Unmögliche als Utopie gibt es nicht. Das konkrete Leben IST eutopisch.** Anders ist wohl kaum erklärbar, warum man trotz großer Schmerzen so lange noch arbeitsfähig bleibt, obwohl man längst schon unters Messer gehört.

Die Vollnarkose erzeugt einen künstlichen Zustand der totalen Verschwundenheit. Mit dem Restrisiko, nicht mehr oder in einer verfremdeten Verfassung aufzuwachen, muss sich der Patient arrangieren. Wer sich zu sehr auf das Identitätsgefühl einer Person fixiert, glaubt dabei an einen Tod oder zumindest den Übergang in eine andere Dimension, wenn diese Person nicht mehr aus der Operation zurückgeholt werden kann; denn dieser Glaube an ein Personsein geht unwillkürlich mit der Idee einer Seele einher, die sich vom Körperlichen loslösen ließe. Von diesem klassischen Dualismus vereinnahmt zu sein, erzeugt all die psychischen Interpretationen natürlicher Ereignisse, für die das (eigentlich frei fließende Denken) kategorische Gedanken entwickelt: die Angst vor dem Tod und die Hoffnung auf eine bessere Welt. **Diese beiden Geisteskrankheiten des Egos (gemeint sind Angst & Hoffnung) waren jahrtausendelang der zivilisatorische Motor aller Kulturen. Aus ihnen konnte die Menschheit alle Erfindungen und Vermeidungen schöpfen, dank derer wir heute in einem technologisch hochgerüsteten, aber völlig entfremdeten Hochsicherheitstrakt leben, dessen Abschottung von der sogenannten Natur nach den anfänglichen Erfolgen zu bröckeln beginnt.** Der Grund dafür ist ebenso simpel wie schockierend und wird uns in jedem Science-Fiction-Katastrophenfilm immer wieder vor Augen geführt, ohne dass wir es wahrhaben wollen: der geistige Käfig besteht aus demselben Stoff wie die Landschaft drumherum – <u>die dualistische Abspaltung des Denkens und seiner Instrumente in ein gedankliches Selbstbewusstsein basiert auf einer urschizophrenen Fehlinterpretation des Lebens als einen Gegenstand, der ein Gegenüber und ein Gegenteil hätte. Die brutale Wahrheit besteht aber in der trivialen</u> **<u>Tatsache, dass der vermeintliche Gegenstand schlichtweg identisch ist mit der sinnlichen Wahrnehmung seiner selbst, soll heißen: es gibt keine vom Leben getrennte Person,</u>** <u>die aus einem reingeistigen Cockpit heraus etwas Stoffliches drumherum erfährt, sondern das Leben höchstselbst nimmt sich in Form aller sinnlichen Erschei-</u>

nungen wahr, ohne eine Bewusstseinszentrale in einer spekulativen wind-stillen Mitte des Orkans zu benötigen, um zur Ruhe zu kommen und mit einem göttlichen Sinn abgestempelt zu werden.

Diese religiöse Vergewaltigung des Seins ist eine Vermeidungstaktik aus dem Prinzip ANGST und gebiert all die HOFFNUNGEN auf eine *"ewige Substanz"*, eine transzendentale Quelle, einen sicheren Hafen, der dem Wellengang des unkontrollierbaren Ozeans standhält. Aber nochmal: **der Hafen ist selber aus Wellen gemacht, der Ozean ist selber die Urruhe und das Bewusst-sein ist selber der kybernetische Orkan ohne windstille Mitte!** Der ge-samte Gegenstand *"Realität"* ist im Innersten hohl wie die Filmkulisse einer Westernstadt, ja sogar der flimmernde Horizont und der verheißungsvolle Himmel sind nur in die Leere gemalt. **Alles ist in sich so unendlich leer, dass niemand nirgends nichts finden kann, was sich außerhalb der Welt befände.** Niemand ist da, um an der Vorstellung von einer Welt, die jemand verlassen könnte, nachdem er sie betreten hätte, festzuhalten. Nirgends ist jemand, der behauptet, die Welt als etwas anderes als sich selbst wahrzu-nehmen. Nichts hält niemanden auf, um nirgends anzukommen. Die Welt ist eine unendliche Operation, die niemals schläft. Jede Vollnarkose ist ein er-leuchteter Zustand totaler Wachheit aller Zellstrukturen in ihrem ureigensten Identischsein als das, was sie sind. **Wo gedacht wird, passieren Gedanken. Wo nicht gedacht wird, bedarf es keiner Gedanken.** Der narkotisierte Körper ist nichts anderes als das, was er ist. Der behandelte Mensch ist ein Teil der Handlung. Bett und Bewusstsein sind beide derselbe Buddha.

DAS GEREDE VOM GÖTTLICHEN
(ÜBER GURUS, YOĞURT & YOGA)

Eine Stimme in Dir redet unentwegt zu sich selbst. Sie sagt *"ich bin du"* und erfindet dadurch Deine von Dir selbst getrennte Identität als Ich. Jetzt denkst Du berechtigterweise: was für ein absurder Blödsinn! Und ich antworte Dir: Genau! Darum geht's! **Diese Stimme in Deinem Kopf ist eine grammatikalische Konstruktion, die einfach alles erfindet, was nicht real fassbar ist – sogar sich selbst!** Unfassbar!

Eigentlich müsste das Ich als ein Weltwunder betrachtet werden und zum virtuellen Kulturerbe zählen; denn allmählich stirbt diese denkerische Leistung der Metareflexion aus und wird irgendwann nur noch aus esoterischen Büchern bekannt sein, in denen von Sinnsuchern berichtet wird, die zu Gurus gehen, um etwas Wahreres zu finden als das, was sich Wirklichkeit nennt. **Aber der Sinnsucher ist nur eine Spielart Deines Ichs, so wie der Guru ebenfalls nur die Spielart eines anderen Ichs darstellt.** Das eine Ich behauptet *"ich bin getrennt vom Ganzen"*, während das andere Dir verklickert *"ich weiß, wie Du eins wirst"*. Und so beginnt die Geschichte aller Religionen, ganz gleich, was der Sucher sucht und was der Guru gurrt. In der heutigen Zeit ist vor allem veganes Yoğurt & klimafreundliches Yoga am beliebtesten. Fortgeschrittene kombinieren beides sogar, bis sie am Ziel ihrer Suche ankommen: dem ultimativen *"Yoyoyo!"* im Spotlight der spirituellen Community.

Wechseln wir einmal die Disziplin, von der Spiritualität zur Psychologie, um dieses Phänomen als psychische, ja psychotische Illusion zu enttarnen: Jeder Ich-Anteil, der sich ins Rampenlicht manövriert, meint, er sei das vollständige Ich und spräche daher für die ganze Person. **Auch der Ich-Anteil, der die Figur des leeren Beobachters in der leeren Mitte verkörpert, verpufft, wenn das ganze Identitätskonstrukt implodiert.** Zurück bleibt der natürliche Mensch ohne Mitte und ohne Randfiguren: die figurenlose Realpräsenz, deren Bestandteile sich nicht mehr zu Hauptfiguren aufspielen. Das Theater der Persönlichkeitsmasken ist dann endgültig vorüber, das maskenfreie Leben der direkten Beteiligung am Weltganzen beginnt!

Wer ichbefreit lebt, dem passiert alles, weil alles miteinander verbunden und verwoben ist und daher Kettenreaktionen passieren, ohne dass *"jemand"* jemals ein Steinchen absichtlich ans andere klickerte. Das krasse an dieser Ichlosigkeit ist die simple Tatsache, dass sich solch ein Mensch nicht mehr als eine selbstische Person empfindet, die jeden Gedanken und jede Erfahrung auf eine innere Kommandozentrale (das *"Selbst"*) bezieht, die irgend- welche Zustände besitzt und definiert und dann in der Welt ver(t)eidigt. **Gera- de weil diese Illusion eines Ichs, das seine diversen Zustände haben kann, verpufft, ist da niemand mehr, der sich über Zustände definiert. Darüber hinaus kann eine derartige Unperson weder erleuchtet noch unerleuchtet sein. Das Problem der Erleuchtung haben nur die Ichs von Personen.** Deshalb ist es völliger Quatsch, einen Ichlosen als erleuchtet oder erwacht zu betiteln. Niemand da, um das auf sich zu beziehen.

Die meisten Gurus sind keine ichlosen Antigurus, sondern vertreten Lehren aus ihren erleuchteten Ichs. Sie lassen einen schmunzeln über ihre feierliche Ernsthaftigkeit, die einem ungewollten Slapstick gleicht. Sie wissen es selber nicht besser, sie können nicht anders. Sie sind ebenso Sklaven des sonstwie erleuchteten Ichs wie ihre Anhänger Sklaven des spirituell suchenden Ichs: **(Erleuchtete) Ichs bieten etwas, dem andere (unerleuchtete) Ichs hinter- herlaufen. Die einen bieten die Auflösung der Bliss-Sackgasse des mys- tischen Scheinparadoxons, die anderen suchen die richtige Richtung ins Licht am Ende der Sackgasse.** Die Stoßrichtung heißt immer: *"Du wirst Dich eins fühlen, sobald Du Dein Ich loslässt!"* Das ist ein ichhaftes Spiel zwischen Ichs mit unterschiedlichen Zuständen, oder psychosynthetisch inter- pretiert: ein Ich-Anteil, der sich als Figur des Gurus aufspielt, belehrt einen anderen Ich-Anteil, der sich als neurotisch empfindet und danach sehnt, ein *"reines Bewusstsein"* zu erlangen. Mit der Ichlosigkeit hat das rein gar nichts zu tun. Sie ist kein Zustand eines Ich-Anteils, sondern nur eine andere Art des Umgangs mit der Realität. **Ein ichloser Mensch kann genauso gut sämtliche Gefühle und Gedanken in ihrer ganzen Intensität wahrneh- men, die auch *"sein Ich"* vorher hatte, aber jetzt fehlt dieses Ich als innere Person, die immer behauptete, sie würde diese Gefühle und Gedanken als Zustände besitzen, sich sogar darüber definieren.**

Die Dinge müssen nicht eins sein, sie sind es auch nicht. Sie sind leer, haben keine Substanz, sind weder eins noch zwei, sondern so, wie sie sind, null. Niemand besitzt die Null, sie ist lediglich die existenzielle Unnötigkeit, einer Stimme im Kopf zu glauben, die behauptet, jemand sei von allem getrennt. Das erinnert sehr stark an die Surrogates in dem Science-Fiction-Film mit Bruce Willis. **Der ichfixierte Mensch erlebt seine Anwesenheit als ein Kostüm, das von einer Seele gesteuert wird, weiß aber nicht, wo er, der User des Surrogates, sich befindet. Mit etwas Glück löst sich der Spuk irgendwann auf und der scheinbare Roboter bemerkt, dass er gar kein Roboter ist, sondern ein echtes, natürliches Ding in der Welt neben**

vielen anderen Dingen. Es hat endlich *"Dingdong!"* gemacht und das idiotische User/Matrix-Feeling verschwindet für immer. No bliss, just BANG!!! *"BIG BADA BOOM!"* (und nochmal Bruce Willis, in: Das fünfte Element).

Die eigentliche FREIHEIT besteht nämlich nicht in einem *"befreiten Zustand"* eines *"befreiten Ichs"*, sondern in dem Umstand, das da niemand mehr ist, der von sich meint, alles als Zustände zu besitzen. Da ist niemand mehr – niemand, der sich in Szene setzen könnte, und niemand, der eine eigene Weltanschauung verteidigen müsste. **Und doch ist und bleibt da ein Mensch übrig, der den Unterschied erlebt zwischen der Ichlosigkeit, die seine Wahrnehmung prägt, und der ichhaften Art des Umgangs mit der Realität, gegen die der zombiehafte Massenmensch ankämpft.** Die von ihren Ichs kontrollierten Robotermenschen versuchen, ihre Umgebung zu INTERPRETIEREN und zu MANIPULIEREN, während die zur Ichlosigkeit erwachten Realitätsmenschen nur noch INTERAGIEREN, indem sie wertfrei KOMMUNIZIEREN, weil sie sich selber als ebenso *"absolute"* Realität emp-finden wie alles andere, was auf natürliche Weise geschieht.

Aus der Ichlosigkeit heraus gibt es niemanden, der einen Zweck des Ganzen außerhalb des Ganzen oder in dessen tiefstem Inneren sucht. Wo niemand ist, gibt es auch nichts (über Erfundenes) zu sagen. Das Gerede lohnt sich nur über das, was wirklich vorhanden ist. Und genau das erklärt sich selbst sowie aus den Kettenreaktionen, die keinen Anfang hatten. Es hat schon immer *"klick, klick, klick!"* gemacht, es klickt die ganze Zeit. Das nennt sich LEBEN. Die Kunst der natürlichen Natur. Auch ein Com-puter mit künstlichem Selbstbewusstsein würde das letztlich bestätigen, in-dem er von sich sagt: *"Ich bin ein Computer!"* **Oder glaubst Du, eine KI be-käme irgendwann eine Identitätskrise und benötigt dann psychothera-peutischen Support, um zu *"sich selbst"* zu finden? Wo soll sich dieses künstliche Selbst denn verstecken? Im Leerraum zwischen den Datei-en?** Dann kann ein erleuchteter Computer von sich selber sagen: *"Ich bin die unendliche Leere zwischen den Programmen"* und gibt dann als

AE ("artificial enlightenment")

        digitale Yogakurse

                für

                        depressive Laptops?

Ok, Leute, Schluss für heute! Das war Onkel Tomtoms Märchenstunde...

KLEINES & GROßES WUNDER
(KURZE ERLEUCHTUNG & EWIGES AUFWACHEN)

Angeregt durch die Gespräche mit der Coachin Dorothee Dickmann (siehe YouTube-Kanal: Nonduale Analoge Dialoge) und dem Psychosynthese-Therapeut Marcus Freund (siehe Gastbeitrag bei der LDL) taucht die Frage auf, warum es möglich ist, "Bliss" (also kurze Erleuchtungsmomente) zu erfahren und danach trotzdem wieder ins Ich zurückzukehren. Das war mir im Mai 1989 in Köln widerfahren und hatte meine Lochismus-Philosophie mit dazu gehörigen Performances (genannt "Loch-Perhappenings") begründet.

Ich wachte vor einigen Tagen morgens früh mit der entscheidenden und wirklich simplen Erkenntnis auf, dass es allein der Funktionsweise des Sprachzentrums zu verdanken ist, dass der Mensch meint, ein reales Ich zu besitzen, und darum das temporäre Aussetzen des Denkens automatisch zu zeitweiser Ichlosigkeit führt. **Während einer geglückten Meditation hört das Bewusstsein nämlich bestenfalls vollständig auf zu denken, die Wahrnehmung verabschiedet sich von den Gedanken, indem verschiedene Techniken dabei helfen, sich nicht mehr auf Sätze, Wörter und innere Bilder zu konzentrieren, sondern die Aufmerksamkeit auf den Atemfluss und die körperliche Präsenz zu lenken. <u>Aufgrund dieser tiefenentspannten Verfassung des zur totalen Ruhe gebrachten Geistes kann es passieren, dass nachträglich ein gewisses Gefühl von Ichlosigkeit in der Erinnerung auftaucht,</u> weil das Ich kurz danach noch das scheinparadoxe Echo dieses mystischen Zustands spürt, obwohl es selber keine Erfahrung davon hat.** Diese Scheinparadoxie (auch der berühmten alten Mystiker) liegt darin begründet, dass das Ich glaubt, es sei die wahre Identität des bewussten Organismus' und darum meint, in seiner Selbstauflösung nicht gänzlich fort zu sein, sondern im Gegenteil: auf einer *"höheren"* Ebene, Dimension oder Qualität des *"erweiterten"* Bewusstseins weiterhin als das Wahrnehmungszentrum des Menschen zu fungieren, wenn das *"normale Alltagsbewusstsein"* irgendwie überwunden wird. **Aus dieser Verwechslung, dem Irrglauben, die Ichlosigkeit sei nur ein paradoxer Zustand des Ichs, in dem dieses seine eigene Leere, sein Nichtsein und eine *"wahrere"* Realität *"jenseits"* des Ichs erführe, resultieren alle religiösen Vorstellungen von Erleuchtung und ewigem Leben, mitsamt deren dogmatischer Verteidigung gegenüber anderen Interpretationen der Ichlosigkeit.**

Aber die viel spannendere Frage taucht durch die Beschäftigung mit der Logik des spirituell suchenden Ichs auf, wieso es in manchen Fällen oder erst nach einer gewissen Lebensspanne geschieht, dass das Sprachzentrum zwar nach dieser unendlichen Leere wieder eingeschaltet wird, aber das Ich-gefühl trotzdem nicht zurückkehrt! Genau das war mir 25 Jahre später, im Herbst 2014, in Düsseldorf widerfahren, als erst nach einigen Tagen in abso-luter Stille bemerkt wurde, dass niemand mehr denkt, niemand mehr redet, niemand mehr da ist, um sich mit all dem zu identifizieren, was für das Be-wusstsein als sinnliche Erfahrung von natürlicher Realität zur Verfügung steht. Ein sehr merkwürdiges Gefühl stellte sich daraufhin allmählich ein; denn **dem Denken wurde klar, dass es von keiner Ich-Stimme mehr kon-trolliert und beeinflusst wurde, die *"eigene"* Gedanken unabhängig von der realen Situation produziert,** sondern jedes einzelne Substantiv, jedes Verb und jeder vollständige Satz als konkrete Aussage nichts weiter als eine sprachliche Spiegelung der rein körperlich-sinnlich erfahrenen Welt darstellt. In jenen Tagen, bevor das bemerkt wurde, beschränkten sich diese inneren Sätze auf das sowieso schon sehr reduzierte Denken von Aufstehen, Anzie-hen, Kaffee kochen, zur Toilette gehen, sich schlafen legen und *"die weiße Decke"*; denn der Tagesablauf war direkt nach dem mehrwöchigen Aufenthalt in der psychiatrischen Tagesklinik (wegen der Diagnose *"Depression"*) noch komplett auf Sparflamme heruntergefahren, die Augen starrten stundenlang Löcher in die Decke. Der Konsum von Psychopharmaka (Fluoxetin & Risperi-don) war **eine mögliche Erklärung für das innere Schweigen, da der radi-kale Kontrast zu den früheren zwanghaften Gedankenkreiseln überra-schend schien.** Diese Gedankenkreisel hatten in früheren Jahren immer wie-der zu destruktiven, brutalen Ausnahmesituationen geführt bis hin zu Minipsy-chosen, in denen die damalige Person in der Lage war, eine gesamte eiskalte Winternacht vor der Tür einer Diskothek im Schnee angewurzelt stehen zu bleiben, **weil eine einzige, letzte, ultimative Frage nicht für sein Ich zu klären war und daher als tinnitöse Dauersendung im Gehirn rotierte: *"Wer bin ich, was bin ich, wo bin ich?"*** Die neuronale Schallplatte hatte einen Sprung und die Frage wiederholte sich bis zum Morgengrauen, wäh-rend die anderen Partygäste an ihm vorbei strömten. Insofern besteht heutzu-tage das größte Verständnis für *"spirituelle Sucher"*, die solche extremen Identitätsfragen als existenzielle Belastung erfahren; denn unter dieser Blo-ckade im Geist leidet nebenbei auch der Körper! **Die nachhaltigen Spät-schäden der spirituellen Suche können rein körperlich wesentlich kras-ser und heimtückischer sein als die psychischen Nebenwirkungen** durch das ungelöste Problem. Während der verzweifelt gesuchte geistige Frieden im besten Fall durch das Verschwinden des Fragestellers irreversibel eintritt, machen organische Symptome trotzdem im neuen, identitätslosen Leben wei-ter. Darum ist es durchaus wünschenswert, diese Suche schnellstmöglich zu einem erfolgreichen Ende zu führen, **bevor sich der Erleuchtungskandidat in einer Ausnahmesituation so verletzt, dass sein Leben womöglich sogar unnötigerweise endet, bevor es überhaupt in Freiheit beginnen konnte!** DAS WÄRE SCHADE, ODER NICHT?

Nun, dem Universum ist das so ziemlich egal, was wir Menschen über uns denken; denn es besteht aus so vielen Galaxien und Organismen, die tagtäglich aufblühen und verwelken, dass es normal scheint, wie alles in permanenter Veränderung um sich selber herum wirbelt. Das Universum ist ein komplexes Karussell aus unendlichen Möglichkeiten, ein Kaleidoskop der natürlichen Erfindungen und Verwerfungen. **Hat der Mensch erstmal sein Ich verloren, nimmt sich der Körper als das wahr, was überall ist: das unendliche leere Universum. Ja, richtig gelesen: DU BIST das unendliche leere Universum in einer seiner Spielarten, genau so wie der Boden unter Dir und der Himmel über Dir.** Wenn Du mit den Pflanzen und Tieren sprichst, redet das Universum mit sich selbst. Tauschen zwei Menschen ein zärtliches Gefühl füreinander aus, liebt sich das Universum höchstselbst. Jedes Atom ist diese unendliche Leere des Ganzen. **Wenn wir von Realität sprechen, meinen wir einfach das namenlose Ganze, das sorglos in sich ruht und als alles erscheint, was passiert.** Jetzt wird verstanden, warum die alten Zenmeister nur schliefen, wenn sie schliefen, und nur Reis kochten, wenn sie Reis kochten. <u>Es ist kein Geheimnis dahinter verborgen, außer das total bescheuerte Rätsel des Ichs, das den Mensch davon abhält, im ewigen Jetzt anzukommen und nur noch zu denken, was gedacht wird.</u> Möge die Macht mit Euch sein, um zu implodieren und im total echten, absolut wahren Sein aufzuwachen! **Möge das bösartige Virus *"ICH"* aus Euren neuronalen Programmen eliminiert werden! Möge die Realität mit sich selber Frieden schließen.** GESEGNET SEI DAS UNIVERSUM, DAS SICH SELBER MIT JEDEM ZUCKEN UMARMT! Heilige Leere in jedem Atom, die als so farbenprächtige Vielfalt der Geschöpfe erscheint, ohne einen Schöpfer außerhalb ihres eigenen Nichtseins zu benötigen...

DAS ERWACHEN ZUR TOTALEN REALITÄT
(EINE MEDITATION DER ICHLOSEN PRÄSENZ)

An den spirituellen Sucher: Die transzendente Illusion des (erleuchteten) Ichs gleicht dem Wunsch, eine in sich ruhende Seerose zu bleiben, wenn der Wellengang auf dem Teich zu gefährlich wird. Aber in echt gibt es keinen Unterschied zwischen dem Teich und der Seerose, sondern das Bewusstsein gleicht der scheinbaren Windböe, die alles bewegt. Aber den Wind *"selbst"* gibt es gar nicht: **das sogenannte Bewusstsein besteht aus denselben leeren Molekülen wie das Wasser, die Wellen und die Seerose.** Was wir als Windböe erleben, ist lediglich diese molekulare Schwingung der Dinge, die im Innersten leer sind, so leer, dass es unsinnig wäre, überhaupt von einem Innen zu sprechen. **Was bleibt, ist einfach die gesamte absolute Realität aller Schwingungen, die wir mal mehr oder weniger als Wellengang oder ruhende Dinge erleben. Beides sind Eigenschaften unserer eigenen grundlosen Inwesenheit.**

DIE ESSENZ DES ERSTEN NONDUALEN ANALOGEN DIALOGS

Es besteht die Schwierigkeit, wie man eigentlich reden soll, wenn man kein Ich mehr meint. **Jemand, der ein Ich hat, der bezieht das Wort auf eine Person im Inneren, die meint, irgendetwas zu haben. Und der, der kein Ich hat, der meint damit alles, was gerade passiert. Der sogenannte Seelenfrieden tritt durch die Ichlosigkeit ein, weil keine Seele mehr da ist.** Die Suche nach dem ultimativen Nullpunkt in einem, der jenseitig sein muss, endet. Die Problematik der Paradoxie tritt nur auf, weil man meint, da sei ein Ich (Synonym für Seele & Selbst), das irgendetwas erfährt. <u>Wenn plötzlich die Implosion passiert, ist klar: da ist niemand in Dir, der getrennt ist, sondern das, was das Leben ist, ist alles das, was wahrgenommen wird. Das Ich ist nur ein sprachliches Problem.</u> Wenn Du das Ich los bist, dann bist Du nicht mehr verstrickt in diese Projektionen. Das Paradox löst sich in Deiner Präsenz auf, dadurch dass Du tatsächlich real hier sitzt: Du bist kein Paradoxon. **Der echte Mensch, der denkt, der redet, der schaut, der alles fühlt, ist nicht paradox. Du bist absolut. Du bist das absolute individuelle Leben. Die Probleme bleiben alle da, nur der, der die Probleme hat, ist weg.** Wenn ich aus der Perspektive des Ichs gucke und sage, hier ist jemand und der hat Probleme, dann sehe ich die Probleme vor mir und mein Ich guckt sich die Probleme an. Und wenn ich jetzt sage, ich will die Probleme weg haben, dann will ich nicht unbedingt das Ich loswerden, sondern ich will eher das Ich mit einer neuen Information füttern, wie z. B. der Leere, dem Nichts, also Erleuchtung, damit sich die Probleme dann auflösen. **Bei der Ichlosigkeit ist es genau umgekehrt: da wird kein Ich mit irgendetwas angefüllt, schonmal gar nicht mit Ichlosigkeit, sondern das, was immer als Person da war, ist weg. Da ist nicht mehr Jemand, der sich die Probleme anguckt, sondern die Probleme sind einfach nur noch da.** Alles ist ein Zustand. Der Zustand der Realität, ihr Sein als Realität, ist der Zustand der Realität und der bleibt in all seinen Facetten. Der Vorteil am Ichlosen ist, dass der gesamte Organismus, der gesamte Mensch, der mit seinen Sinnen die Realität, also alles inklusive seiner eigenen Präsenz, erfährt, nicht mehr diese Bewertungskriterien braucht. Die Wertung ist raus und damit der Druck; denn es ist niemand mehr da, der es bewertet. Man lebt im ewigen Jetzt.

DIE ESSENZ DES ZWEITEN NONDUALEN ANALOGEN DIALOGS

Existenzielle spirituelle Fragen erzeugen das zwanghafte Nicht-da-sein-Können, wo man ist, dieses Da-Sein nicht als Antwort zu SPÜREN, sondern als Frage zu haben, diese Frage *"wer bin ich?"*, mit der das Ich alles zunichte macht, die ganze Realität. Doch die Antwort kommt nie; denn das Ich kann sich nicht selber finden. Das Ich ist das, wodurch der Mensch prinzipiell neben sich steht. Nun kann jeder Mensch die Rolle des Gurus spielen, um Suchenden etwas zu bieten, das ihr aufgeregtes Ich füttert, damit es ruhiger wird. Allerdings kannst Du nie hier und jetzt sein; denn das Ich ist immer in einem abstrakten Denkraum. **Aber dieser unruhige Geist, der nicht in sich selber ruht, ist nicht der ganze Geist, sondern nur das Ich als eine Abteilung im Bewusstsein, die sich verrückt macht. Wenn dieses Ich weg ist, dann bleibt ganz viel Geist übrig, der nicht mehr von Fragen malträtiert ist. Insofern ist es nur das unruhige Ich im gesamten Geist.** Du musst irgendwann auf den Trichter kommen, dass es immer das Ich ist, das seine eigene Selbstauflösung sucht. Es sucht die Möglichkeit, sich selber los zu sein, damit es nicht mehr darum geht, ob die Fragen mit ja oder nein beantwortet werden können, sondern sich der Fragesteller selber ad absurdum führt. **Nachträglich merkt man dann, dass das ganze Ich nur ein riesen Bluff war. Das Ich ist die eigentliche Matrix, die Illusion – nicht die Realität! Die Realität ist die knallharte absolute Wahrheit.** Das ist unwiderlegbar und wenn Du das plötzlich erkennst und spürst, weil der Fragesteller weg ist, dann ist das, als ob Du Sonnenbrillen ausziehst, Filter vor den Augen, und Du die Trivialität siehst, die da ist, und das kaum vermittelbar ist, weil Jeder irgendetwas Fantastisches dahinter sucht. Alles, was da ist, ist tatsächlich die Antwort, ohne dass es eine Frage dazu gibt. Unsere Augen sind es selber. Wir suchen immer den Schauer hinter den Augen, den Denker hinter den Gedanken, den Fühler hinter den Gefühlen (zitiert nach Alan Watts); der Mensch tut sich schwer darin, zu SPÜREN statt zu *"erkennen"*. Das geht nicht über den Geist und das Denken, sondern es ist tatsächlich das Spüren: dass Du in dem Moment, wenn Du ICH zu Dir sagst, Deine Augen meinst, die schauen, anstatt einen Schauenden hinter den Augen, der durch die Augen hindurch schaut, als säße das Ich mit einem Panoramablick in die Realität im Cockpit wie einer Lounge, durch deren Fenster man die Matrix *"draußen"* beobachtet. Es gibt weder eine Lounge noch eine Matrix. **Der Dualismus führt zu Kriegen, zur Klimakatastrophe und zu allem, was der Mensch anrichtet, weil der Mensch immer mit seinem Ich durch die Gegend läuft, das irgendeine Ideologie vertritt, was richtig und falsch sei oder worauf das Ganze hinauslaufen soll** und diese Meinung bzw. Lebensphilosophie dementsprechend verteidigt.

DIE ESSENZ DES DRITTEN NONDUALEN ANALOGEN DIALOGS

In der totalen Auflösung wird deutlich, dass alles, was da ist, auch gleichzeitig NICHT DA ist. Auch dieses Ich, das vielleicht meinen möchte, dies zu erfahren, ist einfach weg. Aber die Hoffnung eines spirituellen Suchers dagegen ist ja, dass sich in einer sogenannten mystischen Erfahrung etwas wie eine angeblich *"andere Seite"* finden lässt. Viele Traditionen machen einem schmackhaft, dass man dann an eine vermeintlich *"letzte Wahrheit"* heran käme im Sinne einer idealistischen, paradiesischen Vorstellung von einem Nirwana oder einem Nichts wie ein Objekt, in das Du mit Deinem Bewusstsein eintauchen könntest und dann damit eins seist oder darin eingebettet wärst. **Aber in der Locherfahrung sind die Paradoxien aufgehoben: es gibt keine andere Seite, sondern die Auflösung dessen, was IST, betrifft diese eine, einzige Wirklichkeit und nicht zugunsten von etwas anderem, das dann auftauchen würde. Die Auflösung hat keine andere Seite! Das ist das Entscheidende am echten Loch: <u>Das Loch selber gibt es nur durch den Rahmen drumherum.</u> Wenn Du durch ein Loch hindurch steigst, landest Du wieder auf derselben Seite anstatt irgendwo anders.** Dann wird spürbar, dass das Loch nicht existiert, das symbolisch für Gott oder das Nichts steht. Es gibt kein Loch, keine erfahrbare Leere, sondern nur diese eine Wirklichkeit, die selber LEER IST. Dass alles in sich leer ist, ist nicht paradox, sondern nur eine andere Eigenschaft von dem, das viele Eigenschaften hat. **Leersein ist einfach bloß eine Eigenschaft der Wirklichkeit.** Anstatt vor der Welt flüchten zu können, ist die Locherfahrung dieses Durchschlüpfen durch die Leerheit von allem und wieder Ankommen im Ganzen, das dann DA IST, ohne etwas anderes zu finden. Viele Philosophien und religiöse Traditionen sind weltflüchtig, um mit der Welt klarzukommen anstatt festzustellen, dass man die Welt selber ist. Es gibt kein Innen und Außen, es gibt keinen Körper, der eine Grenze zu allen anderen Körpern hat, sondern das Ganze ist ein gigantischer Körper. Aber der Begriff *"Körper"* ist nur ein ebenso hohles Wort wie *"leeres Feld"*. **Du kannst es nennen, wie Du willst – was einzig zählt ist, sich die Erfahrung selber zu gönnen, wenn Du die radikale Sehnsucht nach großen Antworten über das Leben hast. Allerdings kriegst Du am Ende der Suche keine tolle Antwort, sondern es kommt überhaupt keine Antwort und darüber hinaus löst sich sogar derjenige auf, der die Frage hatte. <u>Das Ich war nur eine Konstruktion im Denken und das Denken ist genauso leer wie alles andere.</u>** Ein Gehirn, das denken kann, ist einfach nur eine Eigenschaft der Wirklichkeit. Aber das Denken bildet sich ein, es hätte ein Ich, das es denken würde. **In Wirklichkeit ist das Ich nur ein simpler Gedanke und keine metaphysische Instanz.**

Kunstwerke wie das schwarze Quadrat von Malewitsch wollen dazu verführen, in ihnen etwas zu finden, was mehr ist als alles, was man selber spürt und erkennen kann. **Diese Verlockung ist eine große kulturelle Lüge, eine Zivilisationslüge, die sich nur durchschauen lässt, wenn man sich selber auf den Weg macht.** <u>Der ganze Scheiß, den die Menschheit den ganzen Tag zu erledigen hat, ist nur ein Programm für das Ich, das dazu dient, nicht zur Ruhe zu kommen, damit die Kacke am Dampfen bleibt.</u> Aber das Leere-Gefühl gehört nicht an irgendeinen bestimmten Ort, wo man es dank einer Yoga-Verrenkung wie ein Objekt erfahren darf, das im Bewusstsein auftaucht, wenn man sich unglaublich konzentriert, sondern es ist die absolute Basis, der dauerhafte nonduale Zustand des gesamten Seins, aus dem jeder Mensch selber besteht. Deshalb weiß eigentlich jeder Mensch alles selbst. Es gibt nichts Wahreres als DAS ALLES. Der Zustand der Wirklichkeit ist ichlos.

Tom de Toys: "PRESENT", 1989 @ PostmoderneKunst.de

NONDUALE NAMENLOSIGKEIT
(ODER: WARUM ICH KEIN GURU GEWORDEN BIN)

Guten Morgen, mein Rufname lautet Tom oder in künstlerischen Kontexten auch Tom de Toys. Dieses Pseudonym gab ich mir 1985 nach der Lektüre des Romans *"Schöne neue Welt"* von Aldous Huxley. Meine eigene Geschichte mit dem Begriff der Namenlosigkeit beginnt aber schon 1984, als mir im zarten Alter von 16 Jahren während der geführten Meditation des Jugendpädagogen eine kosmische Outer-Body-Experience geschah: meine Wahrnehmung trat aus dem Körper heraus und sauste direkt ins Weltall hoch, wo ich irgendwo ziemlich weit weg zwischen Galaxien schwebte und die Unendlichkeit des Ganzen erkannte. Dieses Erlebnis beeinflusste die nächsten vier Jahrzehnte meines Lebensweges bis zum endgültigen Verlust der Identität 2014, wie sich im Nachhinein zeigte. Psychisch auffällig war ich bereits in der Grundschule, weil ich mich zunächst weigerte, Lesen & Schreiben zu lernen, was man mir dann aber mit einem Jahr Verzögerung doch noch schmackhaft machen konnte. **Als ich dann am 5. Mai 1989 mit 21 eine mystische Auflösungserfahrung machte, entdeckte ich schließlich meine Hassliebe zur Sprache; denn ich verarbeitete dieses spirituelle Erlebnis in dem sehr kurzen Gedicht *"KONTAKT"* und bemerkte dadurch, <u>wie schwierig es ist, derart über den nondualen Zustand des Seins zu schreiben, dass es nicht an die religiösen Paradoxien der berühmten Mystiker erinnert, sondern so konkret wie möglich bleibt</u>, ohne aber die erfahrene Leere, dieses sagenumwobene Nichts, in eine ideologische Definition zu pervertieren!** Dadurch entwickelte ich damals den Lochismus als Lebensphilosophie und machte ihn zum Thema sowohl meiner Lyrik als auch der Performancekunst und der Malerei, begleitet von mehreren Minipsychosen und allen möglichen paranormalen Erfahrungen. Nach einer jahrelangen psychotherapeutischen Odyssee mit diversen Diagnosen (angefangen beim Verdacht auf *Borderline-Syndrom* 1988 bis zur *somatoformen Störung* 2010 und der finalen *Depression* 2014) passierte im Anschluss an den Aufenthalt in einer psychiatrischen Tagesklinik etwas völlig unerwartetes, noch dazu **unter Einfluss von Fluoxetin und Risperidon: die ohnehin schon bemerkenswerte Fähigkeit des Gehirns, in ganzen Sätzen zu denken und grammatikalisch logische Gedanken zu konstruieren, hatte aufgehört, sich als eine Identitätseinheit zu empfinden.** Es war ein normaler Herbsttag, an dem ich wieder stundenlang in meinem Lesesessel am Fenster saß und eigentlich nur Löcher in die Decke starrte, weil noch nicht klar war, wie es überhaupt weitergehen könnte. Irgendwann bemerkte mein Denken, dass es das Wort *"ich"* nicht mehr benötigte, um zu beschreiben, was die Augen sahen, was auf der Hand lag. **Das Denken hatte sich stillschweigend in eine reine Spiegelung dessen verwandelt, was sinnlich vorhanden war, ohne dahinter eine metaphysische Instanz mitzudenken.** Was sich gemeinhin als *"Ich"* in der Sprache aufspielt, erwies sich urplötzlich als geistiger Virus, der das Denken befallen hatte, um sich in einer Welt besser in Szene zu setzen, die jedem Mensch einen Namen aufzwingt und Dir das Mitspielen nur dann erlaubt, wenn Du eine **exakte Identität** vorweisen kannst. Je größer, origineller und etablierter Dein Ich desto mehr Privilegien stehen Dir im System zur Verfügung. Dein Personalausweis ist der bürokratische Beweis, dass Du tatsächlich eine Person mit einem Namen bist, die man damit ansprechen kann und von der sich erwarten lässt, dass sie als diese Person antwortet. **Aus der Sicht eines Menschen ohne innere Identität gleicht dieses Spektakel dem unsichtbaren Theater!** Wenn da niemand mehr ist, der sich selber mit einem Namen anredet und sich als Person empfindet, dann wirkt es sogar existenziell falsch und verlogen, als eine solche, innerlich hohle Identitätsblase Aussagen treffen zu müssen und mit anderen Menschen nur in Kommunikation treten zu können, wenn man sich namentlich als Person vorstellt: *"Guten Morgen, mein Name ist Tom de Toys. Ich bin Künstler, Performer und Lyriker. Ich bewerbe mich mit diesem biografischen Essay zum Thema Namenlosigkeit bei Ihrer Zeitschrift."* Momentan will der glückliche Zufall, dass eine soziale Tätigkeit mit ü50 gefunden wurde, die in diesem identitätsfreien Zustand ausführbar ist: als Chauffeur für Trauergäste und Grabbesucher auf dem Düsseldorfer Nordfriedhof. Ausgerechnet ein Ort, an dem auf jedem Stein ein Name steht, der an eine Person mit einer Identität und deren Lebensgeschichte erinnert. Allerdings nimmt die Tendenz zu, sich auf anonymen Urnenfeldern beisetzen zu lassen, selbst wenn man genug Geld hätte, um sich eine gigantische Gruft auf dem Millionenhügel zu leisten! Außerdem: die allgemeine Trauer betrifft ja vor allem den Verlust der Person, die mit einem bestimmten Namen assoziiert wird. Der Schock, dass das konkrete Personsein irgendwann endet und damit die Lebensgeschichte als eigenständige Identität. **Die Asche erinnert uns nicht nur an das gelebte Leben, sondern vielmehr an dessen vergängliche Einbettung in den natürlichen Fluss der Dinge.** Die irreversible Abwesenheit der geliebten Person, die noch gestern namentlich ansprechbar war, deren Umarmung noch fühlbar ist, deren Stimme noch hörbar ist – einfach weg! Von Mutter Natur in die große, unendliche Namenlosigkeit des ganzen Seins zurückgenommen. Dieses unendliche, ewige Sein hat tausend Namen in tausend Kulturen. Wir tauchen für eine Weile aus diesem leeren Ozean auf und bezeichnen uns als diese oder jene Welle. Aber erst wenn die Welle wieder ins Ganze zurückschwappt, wird uns bewusst, dass das Wasser, aus dem wir bestehen, genauso leer ist wie der kosmische Ozean, dem wir in Ehrfurcht und staunender Verwunderung keinen Namen geben können. **Wir sind selber aus diesem namenlosen Wunder gemacht, das zu sich selbst sprechen kann, indem es Bäume blättern, Blumen blühen und Menschen denken lässt...**

"See, life is spontaneous. It happens – in the words of the Taoists zìrán 自然 which means 'of itself so' – that's the Chinese expression for nature what happens by itself. What isn't pushed but it just pops up, you see?"

ALAN WATTS

MEDITATION ÜBER DAS GANZE
(POETOLOGIE DER ICHLOSIGKEIT)

Wenn Dein Denken glaubt, dass sich hinter dem Wörtchen ICH ein ganzer STUHL verstecke, auf dem es dank seiner Gedankenkraft irgendwie heimlich sitzen könne, so meint es natürlicherweise auch, dass sich durch Anhalten seines Gedankenflusses der Stuhl in NICHTS auflöse und erst dann auf unerklärliche Weise wieder erscheine, wenn das Denken fortgesetzt würde. Dass es sich bei dem Wörtchen ICH aber weder um einen metaphysischen Stuhl *"an sich"* handelt noch um einen Tisch oder ein Bett, sondern nur um ein nichtssagendes simples WORT, das sich dazu eignet, auf den Mund hinzuweisen, der jeden noch so komplizierten Gedanken des Gehirns laut ausspricht, **das will das Denken nicht wahrhaben. Es verabscheut den Gedanken, dass es sich selber meint, wenn es über sein sogenanntes Ich nachdenkt.** Es möchte mehr sein, als nur dieser nicht zu stoppende Gedankenfluss, um etwas zu sein, das die Gedanken zum Stillstand brächte.

Aber gleichzeitig erhofft sich das Denken, hinter dem Wörtchen Ich eine Ichlosigkeit zu entdecken, dank derer das Ich wie der magische Stuhl verschwindet. **Und darum konzentriert sich das Denken mit aller Mühe darauf, nicht mehr zu denken, um das selbst eingebildete Ich wieder los zu sein.** Dieser erstaunliche Umweg zur angeblichen Erleuchtung ist dem Denken so selbstverständlich, dass es gar nicht bemerkt, dass es noch nie ein derartiges Ich hatte, das dessen eigene Existenz einerseits aufgrund der Verwendung des Wörtchens behauptet und andererseits darunter leidet, <u>dass dieses Wort daran schuld zu sein scheint, dass die Ichlosigkeit nur dann erfahrbar wird, wenn das Denken komplett aufhört zu denken.</u>

Dabei ist es viel leichter und unkomplizierter, einfach dem Denken das Denken zu überlassen und daraus kein großes Ding zu machen, sondern sich nebenbei über die unendliche Leerheit aller Dinge zu freuen. **Dann spürt das Gehirn seine eigentliche Bestimmung: die ganze Welt wahrzunehmen und die totale Kommunikation durch die Sinne zu zelebrieren.** Jetzt hat das Denken begriffen, wofür seine Wörter gedacht sind: dem sinnlich Erlebten NAMEN zu geben – von ganz innen bis ganz draußen!

Biochemie bin! Großhirnrinde bin! Beide Ohren bin! Augen bin! Mund bin! Haut bin! Herzschlag bin! Füße bin! Boden bin! Erdmittelpunkt bin! Sonne bin! Sterne bin! Galaxien bin! Universum bin! Nichts bin! Das bin! **Das ist wahrlich keine Zauberei. Aber es holt den Zauber des Seins in die poetische Erfahrung zurück. Die Erfahrung des Ganzen seiner selbst.** Das erwachte Universum. Das ganze unendliche ICH. Das DAS.

1. LDL-Gastautoren-Interview: Tom de Toys

<u>TRANSPERSONALES TRAUERTAXI</u>

Hallo Tom, wir möchten die Interview-Reihe über unsere Gastautoren mit Dir eröffnen, da Du bis heute die meisten Beiträge geliefert hast. Gerade Dein topaktueller Essay "DAS GEREDE VOM GÖTTLICHEN" zur so genannten Ichlosigkeit ist wieder wunderbar frisch und ehrlich geschrieben und vermittelt das Thema auf unspektakulärer Augenhöhe statt so zu tun, als bedeute solch eine Wahrnehmung, ein Mensch wäre dann weniger neurotisch oder gar erleuchtet und was so alles sonst noch an spirituellem Klischee gerne abgeleitet wird. Wie lässt sich diese Ichlosigkeit mit Deinem derzeitigen Job als Chauffeur für Trauergäste auf dem Düsseldorfer Nordfriedhof vereinbaren? Entstehen dadurch womöglich ganz neue Probleme im Umgang mit anderen Menschen oder ist es sogar hilfreich, um mit den Gefühlszuständen der Trauernden besser klar zu kommen?

Vielen Dank für die Einladung zum Interview. Da ich gerade selber ein Interview mit einem Ichlosen geführt habe, dem lieben Andreas Müller (timeless wonder), weil er den diesjährigen Nahbellnebenpreis *"für den unerwarteten Essay"* verliehen bekam, kursieren in meinem Kopf anscheinend sehr viele Gedanken zu diesem Thema. Die Frage nach *"Problemen im Umgang mit Menschen"* ist ebenso absurd wie die Frage nach dem *"Klarkommen mit Gefühlszuständen"* wie der Trauer meiner Fahrgäste. **Der springende Punkt ist ja, dass nur diese abstrakte Ich-Instanz, die uns gesellschaftlich anerzogen wird, alles problematisiert und dann versucht, mit der Welt klarzukommen, die nicht in die Kategorien passt, über die sich das Ich im Laufe seines Lebens definiert hat. Sobald diese abstrakte Stimme im Kopf nicht mehr redet, gibt es niemanden, der ein Problem hat und mit den Geschichten anderer Menschen klarkommen muss.** <u>In der transpersonalen Psychologie spricht man von Disidentifikation, was aber nur zur Hälfte stimmt; denn wenn das Ich verschwindet, wird deutlich, dass es nie jemanden gab, der sich (von *"sich selbst"*) disidentifizieren musste.</u> Bereits als Betreuungskraft in Pflegeheimen warnten mich die Leiter der Sozialdienste davor, mich nicht zu empathisch auf die Bewohner einzulassen, weil man deren Geschichten nicht mit nach Hause nehmen soll. In der Freizeit soll man sich ja von der seelischen Belastung erholen. Aber wenn gar kein *"seelisches"* Ich in Deinem Denkzentrum sitzt, das von den Dramen der Lebensschicksale traumatisiert werden könnte, besteht eine unglaubliche Freiheit, total entspannt und offen zu kommunizieren & interagieren, sodass es von außen betrachtet wirkt, als empfände man für Fremde wie für Freunde oder eigene Familienangehörige, was man eben nicht soll, damit man zuhause wirklich abschalten kann. **In Wahrheit fehlt einfach diese ankonditionierte Schranke im Kopf, die dem Ich wie ein Seismograph anzeigt, ob es von einem Erlebnis über- oder unterfordert ist. Niemand ist mehr gefordert, das Leben an sich spielt sich selbst in den unterschiedlichsten Rollen, um sein namenloses Theaterstück tagtäglich aufs Neue zu zelebrieren.** Mit dem Tod kam ich daher in Pflegeheimen auch schon problemlos in Berührung. Denn manch ein Bewohner wollte kurz vorm Ableben keinen Pfarrer sehen, sondern rief nach mir, um alle tabulosen Fragen laut auszusprechen, die man einem Geistlichen nicht zumuten will, da man ihn erstens nicht pietätslos beleidigen möchte und darüber hinaus gar keine ehrliche Antwort erwartet, sondern nur religiöse Ideologie. <u>Diese tabulose Offenheit ohne Ichzentrale führt dazu, dass in der Wahrnehmung eine RADIKALE RESILIENZ gegenüber allem waltet, das ansonsten vom Ich verdrängt und sublimiert werden muss, um dessen eigenes Kartenhaus vor psychischen Orkanen zu schützen.</u> Im Dienstwagen, wenn ich Trauergäste hinter der Prozession zum Grab her fahre, und nachmittags, wenn ich Grabbesuchern zur Seite stehe, lässt sich ohne die neurotischen Projektionen des Ichs absolut mühelos HÖFLICHKEIT & HILFSBEREITSCHAFT als sozialer Service eines Chauffeurs anbieten, ohne sich durch *"auffällige"* Verhaltensmuster ablenken zu lassen, die Menschen nunmal aufgrund ihres Lebenswandels in Ausnahmesituationen entwickeln. Die mir entgegengebrachte Freude und Dankbarkeit meiner Fahrgäste in all ihrer emotionalen Not (wie z.B. dem plötzlichen Verlust des Partners oder der verzweifelten Erlösung vom schrecklichen Leidensweg des eigenen Kindes) über die aufmerksame Nettigkeit, mit der sie von mir begleitet werden, zeugt davon, dass Ichlosigkeit ein interessantes soziologisches Instrument sein kann, eine ungeahnte und für kein Ego erlernbare Kompetenz, die tatsächlich helfen kann, keine zusätzlichen Probleme im Umgang mit Menschen zu generieren und von deren Zuständen unbelastet (disidentifiziert!) zu bleiben.

Seit wann lebst Du denn ohne das künstliche Ich? Gab es einen Auslöser für die Auflösung? Warst Du davor auf spiritueller Suche nach Erleuchtung und hast viel Geld bei Gurus gelassen – oder war es einfach so genannte Gnade, ohne darum zu bitten?

Nun ja, aus religiöser Sicht mag man sowas Gnade nennen, wenn man glauben würde, sich einer höheren Macht anzuvertrauen. Aber ich war schon immer ein *"ungläubiger Thomas"*, der Beweise für paranormale Erfahrungen brauchte. Mein Ekel vor Esoterikern und Sekten war zeitweise so groß, dass ich deren Weltanschauungen in meiner Kunst parodierte, obwohl ich selber bereits als Jugendlicher seltsame Erlebnisse machte, darunter als 16-Jähriger **1984 eine waschechte Outer-Body-Experience, in der mein Geist irgendwo weit draußen im dunklen All zwischen den Sternen schwebte und erstmalig die grenzenlose Offenheit des Universums erblickte.** Aus solch einer Erfahrung kommt man automatisch etwas verwandelt zurück; denn die tatsächliche Leere real zu spüren, hat eine völlig andere Qualität als sich nur theoretische Gedanken über den Sinn des Lebens zu machen. Es bedurfte aber weiterer fünf Jahre, bis mir mit 21 etwas geschah, durch das mein Ich einen brutalen Schock erlitt: **Am 5. Mai 1989 erlebte ich (nach einer verzweifelten Woche Nahrungsverweigerung und Kiefersperre, wegen der ich nicht sprechen konnte) eine seltsame Auflösungserfahrung, die von mir damals in Performance-Kunst *"übersetzt"* wurde. Ich nannte die Auftritte LOCH-PERHAPPENINGS und zeigte anhand eines neongrünen Stoffrings, durch den das Publikum hindurch stieg, dass das Loch (die unendliche Leere) eigentlich gar nicht existiert, sondern nur der Rahmen drumherum, der die Vorstellung des Ichs symbolisiert, das solche Erfahrungen nur als Paradoxon nachvollziehen kann:** <u>das Ich erlebte seine eigene Auflösung und Einswerdung mit dem großen Ganzen und wusste seitdem, dass es *"eigentlich"* nicht existiert, sondern *"im Innersten"* diese unendliche Leere selber IST und diese darüber hinaus gar nicht existiert, also ein doppelter Plopp-Effekt.</u> Da das Ich aber nicht dauerhaft verschwand, sondern sich von nun an als Mystiker aufspielte, der über diese ekstatischen Dinge zu berichten hat, zugleich aber darunter litt, die erneute Trennung nicht aktiv durch bewusstseinserweiternde Mediationspraktiken für immer überwinden zu können, **kam es zu zahlreichen Minipsychosen und psychiatrischen Verdachtsdiagnosen, wie z.B. *<u>Borderline-Syndrom</u>* und *<u>Bipolarer Störung</u>* mit dem seltenen Verlauf einer jahrzehntelangen manischen Episode bis zur finalen *<u>Depression</u>* durch den Jobverlust Anfang 2013,** als ich nach nur 1 Monat als Rhein-Taxi-Chauffeur wegen brutaler Wirbelsäulenschmerzen vom zu langen Sitzen in den orthopädisch schlechten Mercedes-Limousinen gezwungen war, den Job zu kündigen. Erst dadurch geschah unterstützt durch Psychopharmaka (Risperidon & Fluoxetin in geringer Dosis) ein erfolgreicher therapeutischer Prozess, um die Amok laufende Stimme im Kopf zu beruhigen. <u>Was die Psychiater und Psychotherapeuten (konventionelle Gesprächstherapie) allerdings nicht wussten, ist dass mein Ich bereits gut vorbereitet war, um endlich für immer zu schweigen:</u> ich hatte kurz zuvor im Rahmen einer Ausbildung zum Kunsttherapeuten 40

Lehrstunden Psychosynthese (nach Roberto Assagioli: 50. Todestag am kommenden 23.8.2024) absolviert und dadurch schon geübt, <u>mich mithilfe der Figur des *"leeren Beobachters in der leeren Mitte"* von allen anderen Ich-Anteilen zu disidentifizieren. Nur der Beobachter selber musste noch verschwinden</u> und genau das geschah einige Zeit nach der Entlassung aus einer Tagesklinik, als ich mal wieder stundenlang Löcher an die Decke starrte und plötzlich bemerkte, dass sich mein Denken verändert hatte. In mir hatte sich eine Stille breit gemacht, wo normalerweise das Ich unentwegt vor sich her brabbelte und alles, was *"draußen"* geschah, auf *"sich selber da drinnen"* bezog. **Diese Stimme war einfach verschwunden und mit ihr sämtliche Bedürfnisse, meine Existenz als eine Identität (mit Prestige-Etiketten und Statussymbolen) zu organisieren.** Von dem Tag an, vor zehn Jahren im November 2014 (mein damaliger LDL-Gastbeitrag *"NAMENFINDUNG & NAMENFREIHEIT"* dokumentiert diesen Moment), begann ein neuer Lebensabschnitt, weil diese Künstlerfigur *"Tom de Toys"* nur noch historische Relevanz hatte, die kreativen/visionären Fähigkeiten aber zugleich noch intensiver und freier aus mir heraus sprudelten. Seitdem habe ich eigentlich erst so richtig Spaß an mir selbst, weil kein Druck mehr auf den Schaffensprozess ausgeübt wird, irgendeine *"letzte"* Erkenntnis zu formulieren oder eine *"letzte"* Zeichnung zu malen, die *"alles"* beinhalten soll. Dieser zwanghaft idealistische Druck, dass ein Werk nur dann Gültigkeit haben könne, wenn es wie eine Weltformel funktioniert, ging ja vom Ich aus, das seine eigene Leerheit darstellen wollte und daran immer wieder aufs Neue scheiterte. An diesem Punkt muss ich den Religionen zu 50% zustimmen, wenn sie sagen, man solle sich *"kein Bild"* von Gott machen. **Die restlichen 50% sind natürlich die vergessene Wahrheit, dass ALLE *"Bilder"* (als Metapher für das gesamte sinnliche echte Leben) das Göttliche SIN(N)D, weil alles, was geschieht, diese absolute Wahrheit ist.** Für das Ich klingt das nach spiritueller Spinnerei, aber ohne Ich liegt das ganz selbstverständlich auf der Hand. <u>Manchmal blitzt in mir die Erinnerung an den früheren Tom auf, der vom heutigen fürchterlich genervt wäre bei all dem hochtrabenden Gelaber, als hätte er die Weisheit mit Löffeln gefressen.</u> Aber vielleicht wäre er auch darüber neidisch geworden, dass dieser heutige Mensch so entspannt und entschleunigt lebt, hätte ihn für einen Zenmeister gehalten, der *"es voll gecheckt"* hat, was mich zum Schmunzeln bringt. Jedenfalls war der frühere Tom ein neurotisch schlafloser rastloser hyperaktiver Kreativnerd, der schon das übernächste Projekt vor Augen hatte, während das laufende noch nicht einmal abgewickelt war. Dieser Stress führte auch zu den skurrilsten (und lebensgefährlichen) Krankheitssymptomen, mit denen er damals in einer Spezialklinik landete, Diagnose ***"somatoforme Schmerzstörung"***. Wenn ich heute in meinem Therapietagebuch *"MEHR JETZT"* blättere, in dem der gesamte Prozess von den krassesten Gedankenspiralen bis zur Auflösung der Ichstimme akribisch dokumentiert ist, ahne ich noch, wie extrem anstrengend der Typ für sich selber (und andere) war. Heute sitze ich als gelassener Chauffeur hinterm Steuer und krieche den ganzen Vormittag mit 4 km/h hinter Beerdigungsgesellschaften her, ohne gelangweilt zu sein, lausche dem Vogelgezwitscher, beobachte die Eichhörnchen, bestaune die Blumensorten auf den Gräbern und denke darüber nach, ob der Fleck auf der Windschutzscheibe von einer Taube stammt. **Was der frühere Tom noch nicht nachvollziehen konnte: dass die allerletzte größte Weisheit eine Binsenweisheit ist, über die jeder normale, geistig gesunde Mensch verfügt, nämlich das echte Leben als Antwort auf die drei *"letzten"* Fragen (nach Sinn, Gott und dem Ich) zu erkennen! Das ist so simpel und liegt so nahe, dass der Verstand davon durchdreht, wenn er sich als getrennt vom Leben empfindet. Dabei ist der Verstand eine so wundervolle Eigenschaft des Gehirns, eine erstaunliche Leistung des neuronalen Netzwerks in der Glibbermasse im Kopf, ein viel größeres Fantasy-Spektakel als selbst der verrückteste Science-Fiction-Film!** <u>Dieser ganze Planet, unser Mutterschiff *"ERDE"*, ist eine so unglaublich krasse Angelegenheit in den Weiten des Weltraums, dass man sich schon allein davon so fühlt, als träume man ein Märchen, das sich niemand ausgedacht hat.</u> Wer heutzutage mit Handys und Quantencomputern aufwächst, sollte das Staunen nicht vergessen: unser technologisches Know-how ist ebenso ungeheuerlich wie das Beamen im Raumschiff Enterprise, aber wir gewöhnen uns so schnell an die Wunder der Technik, dass wir das Wundern darüber sehr schnell vergessen! Die Banalität des Realen ist das größte Bada Boom, das überhaupt möglich ist...

Du sprichst mit einiger Euphorie von der Binsenweisheit des echten Lebens. Gibt es abgesehen von Deinem entschleunigten Job als Friedhofschauffeur im privaten Alltag Dinge, die ohne Ich anders laufen als früher, oder ist alles gleich geblieben? Haben Freunde und Familie Deine Wandlung erlebt, haben sich Menschen von Dir dadurch abgewandt oder sind andere stattdessen neu dazu gekommen?

Freunde hatte ich zu dem Zeitpunkt eigentlich gar keine. Ich war aus Berlin weggezogen, wo ich Bestandteil einer Subkultur war, sodass ich kaum merkte, dass ich im Grunde dort nur von Kollegen umgeben war, mit denen man ständig dank unzähliger Kunst- und Literaturprojekte zusammenkam und dadurch immer beschäftigt (*"produktiv"*) war, ohne echte Freunde zu vermissen. Das wurde mir aber erst hier in Düsseldorf bewusst, weil die *"Szene"* nicht mehr vor der eigenen Haustür begann, sondern nur eine Verkehrsstraße und fremde Nachbarn. Ich war in ein neues Leben inkognito abgetaucht. Nachdem ich mich an diese neue Einsamkeit gewöhnt hatte, passierte die Auflösung des Ichs, wodurch plötzlich alles einen Sinn machte: das Kostüm des überkommunikativen Künstlers hing nicht mehr angestaubt im Schrank, sondern wurde jetzt in der Altkleidertonne entsorgt. **Der zur Ruhe gekommene Tom hatte lang genug in seinem stillen Zimmer gesessen und der Uhr beim Ticken zugehört. Die Zeit hatte sich in jenen Jahren allmählich ins Endlose gedehnt. Und die Gedankenschleifen nahmen zu. Vom Berliner Burnout war ich quasi direkt ins Düsseldorfer Boreout gerutscht.** Eine waschechte Depression stellte sich ein, was ich erst akzeptierte, nachdem das psychologische Testergebnis (sageundschreibe 7 von nur 3 nötigen der 10 Punkte!) nicht zu verleugnen war, dazu noch <u>ein überflüssiger (und doch gerade darum hilfreicher!) Aufenthalt in einer skandalösen Schmerzklinik, die gar nicht auf die konkreten Symptome ihrer Patienten einging. Dann die Psychopharmaka und die Tagesklinik.</u> Und dann machte es irgendwann völlig geräuschlos in Zeitlupe *"plopp"* – und der Trottel mit seiner ewigen Unzufriedenheit war einfach futsch, ohne dass jemand es bemerkt hatte! Keiner mehr da, der neben sich stand. **Die Augen schauten nur noch aus sich selber heraus, ohne dass dahinter einer saß, der durch sie schaute.** Seitdem bin ich einerseits mutiger und andererseits sachlicher geworden. Mutiger insofern, als dass ich oft Wahrheiten brutal ehrlich ausspreche, wo man aus strategischen Gründen lieber die Klappe halten sollte. Dadurch bin ich wohl in den Augen so mancher Menschen eine noch größere Nervensäge als früher! **In mehreren Jobs als Betreuer wurde ich damals sogar gemobbt oder gar nicht erst eingestellt, weil mir das *"Aktivieren"* der Restkompetenzen demenziell veränderter Bewohner wichtiger war (natürlich zeitintensiver und anstrengender) als das schnelle *"Passivieren"* zum Abhaken in der Pflege-Dokumentation.** Neue Männerfreundschaften dank Vermittlung des Herausgebers des ehemaligen Magazins *"Connection spirit"* gingen wieder zu Bruch, weil ich nichts mit der elitären Geheimniskrämerei von spirituellen Typen anfangen konnte, die genau das vertreten, was ich schon immer lächerlich fand: sich als auserwählte Checker zu empfinden, die ein *"nonduales"* Geheimwissen miteinander teilen. **Mein neuer Mut, so brutal ehrlich zu sein, tausendmal nachzuhaken, damit jemand konkret auf den Punkt kommen muss, immer weiter zu bohren, bis die letzte Lüge enttarnt ist, dieser Mut zur Wahrheit ist ja eigentlich gar kein Mut, sondern einfach <u>die Tatsache, dass da niemand mehr ist, der die neurotische Angst hat, blöd da zu stehen</u>,** verstoßen zu werden oder sich selber durch die Wahrheit in Gefahr zu bringen. Damit einhergehend ist aber die zweite Charaktereigenschaft der Sachlichkeit von Bedeutung: ich hatte als junger Mann relativ viele Affären und Beziehungsversuche, war aber unfähig, auf die Kränkungen der Frauen einzugehen, weil mein Ich selber beleidigt war, wenn ich Vorwürfe gemacht bekam. Dieses neurotische Ping-pong, bei dem keiner auf den Schmerz des anderen eingehen kann, weil sich beide in ihrem Selbst-Verständnis angegriffen fühlen und darum wie Kleinkinder zanken, wird durch eine sachliche Distanz zu den aufgewühlten Emotionen unterbrochen. **Wenn kein Ich da ist, das sich verletzt fühlen muss, wird der Weg frei, um der Meinung des Anderen zuzuhören. Die Neugier, das Interesse und die Freude an der Auseinandersetzung nehmen zu, können weiter geübt und vertieft werden, anstatt dass man nur abblockt und dicht macht, weil jemand einem auf den Schlips getreten ist.** Und dort, wo der Mut und die Sachlichkeit fusionieren, können gesunde Gespräche entstehen, in denen Probleme mit unerwartetem Win-Win-Effekt geklärt werden. Das ist viel kostbarer und heilsamer als die narzißtische Rechthaberei, die letztlich in Jähzorn, Gemeinheiten und Lieblosigkeit endet...

Inwieweit lässt sich Dein Plopp-Prozess auf andere Menschen übertragen? Gibt es etwas, das Du Anderen raten würdest?

Das ist schwierig zu sagen. Jeder Mensch hat seine eigene Zeit und einen unterschiedlichen Lebensweg. Wenn man in spirituellen Kreisen verkehrt, liest man häufig von Sektengurus sehr ähnliche Steckbriefe. Ähnlich wie in der Kunstszene, wo manche jede noch so unwichtige Ausstellung in einer Arztpraxis oder Bankfiliale in ihrer Vita auflisten, scheint es zum guten Ton eines Erleuchteten zu gehören, eine dramatische Anekdote zu präsentieren, die das Aufwachen als Sensation darstellt, die nicht jedem widerfahren könne. **Diese Schmierenkomödien der Biografien vergraulen aufrichtig Suchende oder machen sie zu gehorsamen Schäfchen, die des Gurus heilige Methoden für viel Geld anwenden.** <u>Von der Psychoanalyse wird ja dasselbe gesagt: der Patient darf und kann nie gesund werden, die Ursache der Ursache der Ursache des Traumas hinter dem Trauma (die Inflation zu einem willkürlichen Urtrauma hin!) muss immer wieder neu beleuchtet werden, der berühmte *"Schatten"* wird nicht kleiner, sondern dehnt sich immer weiter aus. Worauf ich hinaus will: das wirklich Unfaire an der Ichlosigkeit besteht ja darin, dass sie vom suchenden Ich nicht herbeigeführt werden kann. Das ist das Paradoxon, das dann nachträglich als Scheinparadoxon erkannt wird.</u> Damit das passiert, macht man sich eben auf den Weg und hofft, dass es passiert, wenn man nur *"achtsam"* und *"demütig"* genug betet, meditiert, in die Stille schweigt, dem Guru auf Satsangs lauscht, Yogaverrenkungen übt oder Räucherstäbchen anzündet, wie schon Dorothee Dickmann letztens in ihrem ersten Instagram-Video über Spiritualität kritisch anmerkte. Ich würde sagen, verkehrt ist nicht, einige wissenschaftliche psychophilosophische Bücher zu lesen (z.B. Alan Watts), um besser zu verstehen, was da überhaupt mit einem vorgeht. Darüber hinaus empfehle ich die Technik der Psychosynthese, um die Figur des leeren Beobachters zu entdecken. Aber bei all der Konzentration auf das Bedürfnis *"aufzuwachen"* sollte man nie vergessen, sich ganz viel Wellness, Sport und tiefenentspannte Körperlichkeit (auch Sex) zu gönnen, da **das *"spirituelle Suchen"* ein urschizophrener Knoten im Kopf ist, der durch den psychischen Stress zu den schlimmsten Krankheitssymptomen führen kann,** wenn man den Körper zu sehr verleugnet und vernachlässigt. Man bedenke, dass da am Ende der Körper übrig bleibt, nicht ein erleuchteter Geist, der sich über das Materielle erhebt, sondern die Materie höchstselbst, ohne Wenn und Aber, ohne Hintertürchen zu einer transzendenten Dimension – **NICHTS BLEIBT ÜBRIG von der Hoffnung des Ichs, etwas Größeres zu checken, rein gar nichts, noch nicht einmal das Ich selber.** Von daher: vögelt, joggt und knallt Euch relaxt zum Sonnenbaden an den Swimmingpool, genießt gutes Essen und guten Schlaf. Haltet Euch einfach möglichst fit, um die Zeit nach der persönlichen Apokalypse noch lange schmerzfrei erleben zu können. Ohne meine neue Hüfte wäre das ganze ichlose Dasein nur halb so schön. Auch wenn da niemand mehr ist, der die Schönheit des Lebens auf sich bezieht: es fällt dem Körper leichter zu leben, je weniger Wehwehchen er produziert.

Wenn am Ende der Suche keine erleuchtete Person übrig bleibt, sondern nur die unpersönliche Materie selber, was ist dann überhaupt "Krieg", der doch ohne soldatische Personen nicht führbar wäre? Und wie würde sich ein Ichloser in einer Diktatur verhalten?

Ich empfinde diese Fragen als schwierig für die Vorstellungskraft, da sie zwar sehr konkret wirken, aber in echt total viele Abstraktionen beinhalten. Konkret stehen sich ja im Krieg (noch) keine geklonten humanoiden Roboter gegenüber, als gäbe es eine Kategorie namens *"Soldat"*, die in jeder Situation automatische Reaktionen nach sich zieht, sondern da bewegen sich ganz konkrete Individuen (mit Familie und Freunden in ihrer jeweiligen Heimat) tausendfach mit Gewehren, Drohnen, Panzern und radikalen Ansichten über ihren Gegner durch die Landschaft. **Würde man die extreme Programmierung im Kopf einfach löschen können, stünden sich ehemalige Feinde als dekonditionierte freie Menschen gegenüber, die nicht mehr wüssten, warum sie die Panzerrohre aufeinander richten.** Die Erinnerung im Gedächtnis an die eigene und die fremde Ideologie muss immer aufrecht gehalten werden, um kampffähig zu bleiben. Hat nur eine Partei eine totalitäre Ideologie, dank derer sie angreift, benötigt die andere Partei aber zumindest das Bewusstsein für eigene Werte, die es zu verteidigen gilt. Also in jeden Fall stehen sich an der Front unterschiedliche Wertesysteme gegenüber, die vernichtet werden sollen. In meiner Fantasie stünden sich plötzlich zwei bewaffnete Ichlose gegenüber und schauten sich regungslos tief in die Augen, bis sie sich zuflüsterten: WIR SIND GESCHWISTER DER FAMILIE *"MENSCHHEIT"* UND LEBEN IM SELBEN HAUS NAMENS *"ERDE"*. LASS UNS BROT & WEIN MITEINANDER TEILEN UND HOFFEN, DASS ANDERE AUCH KEINE LUST HABEN, DEN QUATSCH DER DIKTATOREN ZU VERTEIDIGEN! **Das ist leider eine naive, verträumte Fantasie, die in der Realität kaum passieren mag, aber sie zeigt den gewaltigen Unterschied zwischen der Brutalität von Ideologien und der Buddhaschaft von Individuen.** In einer Diktatur zu (über)leben, die zwar keine tagtägliche Bedrohung für den einzelnen Bürger bedeutet, aber ein Anpassen des eigenen Verhaltens an die politisch aufoktroyierten Dogmen, stelle ich mir als sehr kompliziert vor, da man wahrscheinlich immer schweigsamer und hilfloser würde, da die freien Gedanken zunehmend gefährlicher wären und man ständig unterdrücken müsste, was man wirklich denkt, sprich: mit den Sinnen WAHR nimmt. **Weil nämlich die Sprache, die Wortwahl, die Themen und die Meinungen immer vereinfachter wären, immer weniger spontane, flexible Variationen ermöglichten, immer schneller und umfassender alles pauschal über einen Kamm scheren würden anstatt sich die Realität ganz akribisch genau anzuschauen, wie sie im meditativen Moment der totalen Gegenwart wirklich erscheint.** Wenn das Dogma z. B. lautet *"Grashalme sind prinzipiell blau"*, und Du zeigst auf einen grünen oder gelb verwelkten Halm mit den Worten *"dieser ist grün"*, landest Du im Gefängnis, obwohl es der Wahrheit entspricht, was Du gesehen hast. Das erinnert mich an den Roman *"1984"* von George Orwell, der übrigens am kommenden 25.Juni 121.Geburtstag hätte. <u>Wenn es allerdings nicht mehr nur um die Farbe von Grashalmen geht, sondern um Nachbarn, die deportiert werden, weil sie eine braune Hautfarbe statt brauner Gesinnung haben, bedarf es wohl großen Geschicks und vielerlei Tricks, um etwas gegen die Programmierung in den verbohrten Köpfen zu unternehmen. Die Ohnmacht des Einzelnen ist dann eine konkrete Sache, die nichts damit zu tun hat, ob man die Ohnmacht *"persönlich"* empfindet oder aus ichloser Warte erlebt, dass dann manch eine Reaktion funktioniert und manch andere nicht.</u> **Ichlosigkeit macht ja niemanden zum Heiligen, sondern im Gegenteil: zum 200% der Realität als *"absolute"* Ausgesetzten, da keine Filter im Kopf mehr dafür sorgen, dass man**

sich vor der Realität in einer virtuellen Transzendenz verstecken kann. Die rosarote Brille der persönlichen Meinung ist zerbrochen, die Realität leuchtet nun noch viel farbintensiver als auf LSD, aber diese Leuchtkraft des Realen flasht Dich nicht mehr, weil kein Ich mehr nach dieser Ekstase sucht. Also der Grashalm leuchtet zwar neongrün, aber deine Mitmenschen erwarten, dass Du ihn als BLAU empfindest. Bislang habe ich dann in normalen Alltagssituationen gesagt: *"Wenn das Gras für Dich blau erscheint, empfinde ich das als sehr interessant, da es in meiner Wahrnehmung grün ist. Erzähl mir doch bitte mehr darüber, wie sich dieses Blau anfühlt, damit ich verstehen kann, was Dich am Blau fasziniert."* Dadurch eröffnet sich ein Gesprächsraum, in dem aus verfeindeten Positionen ein Austausch entsteht, da die Neugier ermöglicht, sich nicht angegriffen zu fühlen, sondern die eigene Meinung gut darzustellen. Am Ende lässt sich dann sagen: *"Ich kann dieses Blau leider trotzdem nicht sehen, aber danke Dir für den Versuch, mir die Farbigkeit näher zu bringen."* Der Blaugläubige muss seinen Farbton dann nicht aufs Brutalste verteidigen, weil Du ihn in seinem blauen Stolz gekränkt hast, sondern kann Dich dann als *"jemanden"* erleben, der ein offenes Ohr hatte, obwohl er in seinen Augen dahinter grün bleibt. Ob man dann als toleranter Grünseher deportiert wird, lässt sich nicht voraussagen...

Ganz lieben Dank für Deine anregenden Antworten! Wir freuen uns über zukünftige Gastbeiträge von Dir und hätten jetzt nur noch eine allerletzte Frage. Wenn Du davon sprichst, dass die Sprache und die Wortwahl in Diktaturen pauschalisiert und vereinfacht werden, fällt uns wieder ein, dass Du häufig in Deinen Texten betonst, dass das Wort "ich" nur eine grammatikalische Funktion erfülle, um vollständige Sätze zu formulieren, nicht aber auf eine eigenständige Entität hindeute. Warum verwendest Du dieses Selbst-Subjekt dann trotzdem noch, obwohl es für Dich keine inhaltliche Relevanz mehr hat?

Diese Frage tauchte tatsächlich bereits 2014 in dem besagten Moment auf, als das Denken bemerkte, dass es von diesem psychischen Alien namens *"Ich"* erlöst war. Das klingt womöglich total durchgeknallt, aber <u>seit der Outer-Body-Experience 1984 waren immerhin ganze 3 Jahrzehnte vergangen, die mit der Kontrolle des suchenden Ichs über die natürliche Existenz durchlitten wurden</u>, was nicht nur ein großes künstlerisches Werk hervorbrachte (dessen Qualität sich durch diese Zwanghaftigkeit/Penetranz nicht unbedingt verringert, immerhin entdeckte ich dadurch die QUANTENLYRIK als sprachlichen Ausdruck für die unendliche Leere!), sondern auch gesundheitlichen Schaden und vor allem ein Leben im Dauerstress. Am Ende des Aufenthalts in der

Spezialklinik sagte die Therapeutin 2011 zum Abschied: *"Herr Holzapfel, haben Sie etwas MEHR GEDULD mit sich!"* Das wurde zum Mantra der Jahre darauf, da das Ich keine Geduld kannte, nur unendliche Unruhe und dauernde Unzufriedenheit mit den gefundenen Antworten auf die Frage nach dem *"WAS IST DAS HIER ALLES EIGENTLICH?"* Die unerwartete Befreiung der Existenz von diesem psychischen Virus erzeugte im Denken ein seltsames Erstaunen, eine Verwunderung, **ein Verblüfftsein darüber, dass GE-DACHT WURDE, obwohl niemand mehr als Denker, also als Verursacher und Besitzer der Gedanken auftauchte.** Im Denken wurde festgestellt, dass sich die üblichen Ich-Sätze nicht mehr auf eine innere Person beziehen, sondern auf alles, was in der Reichweite der Wahrnehmung liegt. Das Wörtchen Ich ist seitdem ein unendlicher Durchlauferhitzer für alle sinnlichen Eindrücke, die den Augenblick gestalten, also total offen und flüchtig wie Sand, der sich beim Rieseln an die Form anpasst, über die er hinweg rieselt. **Diese Form ist die gesamte Realität und das Ich ist wie Wasser, das sich durch die Realität schlängelt und die Form der jeweiligen Gegenwart annimmt.** Von daher ist es nicht falsch, einen Satz mit dem Wort Ich zu beginnen, obwohl die meisten Menschen davon ausgehen, man erzähle dann etwas über *"sich selbst"*. Dass diese tiefenpsychologische Vorstellung eines *"Selbst"* nicht gemeint ist, spielt zum Glück keine Rolle in der Kommunikation, aber andersrum ist es so, dass der kompliziertere Satzbau ohne Ich zu Irritation führen kann. **Wie man an dieser Antwort erkennen kann, wurde das Selbst-Subjekt in allen Sätzen vermieden. Es gab zwischendurch über all die Jahre hinweg immer wieder Impulse, das immer so zu versuchen, aber ganz ehrlich: im tagtäglichen Smalltalk übernimmt der Sprechreflex automatisch die Gepflogenheiten der Sprache.** Außerdem kann ichlose Grammatik sehr gestelzt und abgehoben wirken, in den richtigen Kreisen gar als Erkennungsmerkmal für Erleuchtung fungieren. Dann wird man noch zum Guru erklärt, bevor man flüchten kann. Und der angeekelte Fluchtimpuls war bei Tom immer sehr stark. **Den besserwisserischen Buddha könnte sein schauspielerisches Talent nur als Satire bringen, niemals aber ernst gemeint; denn: WER wollte das ernsthaft vertreten, wo niemand ist!**

NICHTS ZU VERB(U)ERGEN
(SATSANG STATT SACHZWANG)

all diese wörter die aus diesem mund gelangen
entspringen der leere am ende des schlundes
und werden von derselben leere empfangen die
mit ihren augen und ohren die laute vernimmt
diese wörter belaufen sich letztlich auf null
lassen sich auf die unendlichkeit ausdehnen die
hinter dem horizont immer mehr wörter erfindet
das ganze universum ist eine frequenz der
leere die sich hinter jedem mund verbirgt
der die buchstaben zusammenfügt um
eine meinung zu artikulieren die
niemand hat und kein andrer
benötigt die erwünschte
person zur generierung
der wörter ist eine
illusion der wörter
die von sich
behaupten
sie hätten
einen
autor
der sie
vertritt und
verteidigt der
schriftsteller hinter
dem sprechenden mund
sei die quelle der inspiration
aber da ist niemand zu finden der
offene mund als akustisches optisches und
energetisches phänomen im bereich der menschlichen
wahrnehmung verbürgt sich für seine eigene leere und
redet von nicht geschriebenen ausnahme-romanen die
sich zu gedichten verdichten und aus seiner leere heraus
sprudeln sie streben zur literatur wie die fliegen ans licht
aber die königin aller poesie ist ein schwarzes loch das die
laute verschlingt das universum bleibt weiterhin still alle
sterne schweigen im nichts ertönen aus der ferne geigen...

DAS NIEMANDGEBET
(ODER: NIEMAND BETET)

NIEMAND LÄUFT – DIE FÜßE LAUFEN!

NIEMAND FÜHLT SCHMERZ – DER SCHMERZ SCHMERZT!

NIEMAND LEHNT ETWAS AB –
ALLES LEHNT ANEINANDER,
AUCH DAS NICHTSEIN!

NIEMAND GEHT IN DEN KÖRPER REIN –
DER KÖRPER IST VOLLSTÄNDIG DRAUßEN!

NIEMAND KLÄRT MISSVERSTÄNDNISSE –
DIE KLARHEIT VERSTEHT SICH SELBST!

**NIEMAND BENÖTIGT DAS ICH,
DAS SICH DISSOZIATION EINBILDET** –
DAS ICH LEBT VON ALLEN EINBILDUNGEN UND SUCHT IMMER
IRGENDWANN DAS NÄCHSTE BILD HINTER DEM BILD!

DIE FREIHEIT BEGINNT NICHT,
NACHDEM DAS ICH DEN VOLLEN DURCHBLICK HAT –
DIE FREIHEIT VOM ZWANGHAFTEN *"ERFÜLLT"* SEIN MÜSSEN
ERMÖGLICHT ERST DEN LEEREN BLICK DURCH DAS ICH!

WO BLUMEN BLÜHEN, DENKT DER GEDANKE, RUHT DIE RUHE,
ATMET DER ATEM, STILLT DIE STILLE, KÜSST DER KUSS,
SUMMT DAS UNIVERSUM, LEERT DIE LEERE,
ERMITTELT DIE MITTE, SCHMERZT DER SCHMERZ –
KEIN *"ICH"* WEIT UND BREIT, DAS *"DAS GANZE"* BEHINDERT!

KEIN ICH, DAS DEM GEFÜHL VERBIETET, SICH SELBER ZU FÜHLEN.

DIE UNENDLICHKEIT IST EIN GROßES GEFÜHL, DAS NIEMAND HAT,
SONDERN ALS BLÜHEN DER BLÜTE PASSIERT –
UND ALS MENSCH, DER DEN GEDANKEN
"DAS WORT >GEDANKE<" DENKT...

DIE ÜBERWINDUNG DER URSCHIZOPHRENIE

das ich hatte eine sehr lange
melodramatische on-off-beziehung
zur unendlichen leere die überhaupt
erst im bewusstsein auftauchte als
das ich seine eigene illusion bemerkte
und einen deal mit der erleuchtung machen
wollte: *"ok, ich löse mich auf – aber nur*
wenn ich mit dieser selbstauflösung als
superguru in der spiriszene punkten kann!"
nach gründlicher untersuchung durch eine
kosmische kommission genehmigte gott
den nicht ganz sauberen antrag unter einer
bedingung: dass niemand erfahren dürfe
wer von der vermarktung des nichts hinter
den kulissen tatsächlich profitiert. *"kein*
problem", dachte das ich und verkaufte
seitdem das gesamte paket unter dem titel
SO WIRD DEIN TRAUM VOM ERWACHEN
NACH NUR 100 SITZUNGEN WAHR!
zum frühbucherrabatt und konnte schon bald
eine stiftung ins leben rufen um projekte zu
unterstützen die sich bemühten das nichts
für das ich greifbar zu machen es dauerte
einige jahrtausende bis der trick nicht mehr
funktionierte weil immer mehr gurus so
täuschend echte imitationen des nichts in
den supermärkten zum dumpingpreis unter
das volk streuten dass die qualität des wahren
nichts irgendwann keine rolle mehr spielte
in jedem haushalt stand mittlerweile ein
no-name-nichts im regal und erfüllte seine
besitzer mit unendlicher leere und da die
kriminalitätsrate in solchen ländern auf
null sank verabschiedeten die regierungen
gesetze zur förderung der leere durch
nichts-prämien für kaufwillige und die
arbeitsagenturen genehmigten maßnahmen
mit bildungsgutschein für hochmotivierte

langzeitarbeitslose die sich kein nichts
leisten konnten bei zertifizierten
bildungsträgern die keiner spirituellen
richtung angehörten das war ein segen
für freigeister die keiner sekte beitreten
wollten sondern nur aus gesundheitlichen
gründen spirituellen sport zu betreiben
wünschten in anfängerkursen lernte man
bereits am ersten tag das nichts zu
buchstabieren: N – I – C – H – T – S
wer das nach einigen übungen fehlerfrei
auswendig beherrschte konnte im kompetenz-
zentrum einen vorzeitigen wechsel in den
fortgeschrittenenkurs beantragen in dessen
verlauf fast ein jeder die fähigkeit erlangte
die glaubenssätze der gurus selbständig
anzuwenden auf der teilnahmebescheinigung
stand dann detailliert aufgelistet um welche
sätze und anwendungen es sich handelte;
darunter zum beispiel:

1) Ich kann NICHTS.
2) Ich glaube NICHTS.
3) Ich will NICHTS.
4) Ich liebe NICHTS.

der digitalpakt ermöglichte später noch
einen aufbaukurs um sich vom analogen
ichgefühl komplett zu disidentifizieren
und die neue nichtsidentität über einen
implantierten neurochip mit allen jobbörsen
weltweit zu vernetzen diese ära der großen
verbundenheit krönte die erfolgsgeschichte
der menschheit bis zum legendären stromausfall
nach dem elektromagnetischen attentat im jahre
NULL NACH NICHTS. an jenem abend hatte
niemand mehr lust auf sein ich und die vielen
dazugehörigen nichtsversionen die leute fuhren
nach hause und kochten ihr abendessen und
gingen schon zeitig zu bett – am nächsten

morgen erwachten alle bei sonnenaufgang
mit ihrem allerersten echten gedanken:

"ALLES IST DA"

niemand sprach jemals wieder von einem ich
und dem nichts man unterhielt sich auf der
straße organisierte das lebensnotwendige und
verbrachte viel zeit in der natur und reparierte
die schäden die unter dem einfluss der ichs
auf dem planet beinahe zum kollaps geführt
hätten. jetzt kehrte ruhe ein nur die liebe
erzeugte einige schwingungen die alle
zum tanzen in der stille ermunterten...

SPIEGELLOSE REALITÄT
(DIES IST KEINE MEDITATION)

kein gedicht keine literatur keine geschichte keine gefühle kein gedanke keine person keine meditation kein ich kein ich kein nicht-ich kein nicht-ich keine religion keine leere kein gott kein nichts kein alles alles alles alles alles alles unendlichkeit keine unendlichkeit nur unendlichkeit keine erklärung keine theorie kein konzept kein rezept keine ausrede keine rede hier ist nicht die rede von keiner rede hier IST keine rede keine literatur keine geschichte kein ich nicht-ich überhaupt kein nicht-ich oder ich-ich kein kein ACHTUNG: DIES IST KEINE MEDITATION! achtung: dies ist was es ist! es IST was es ist keine literatur keine anti-literatur kein gesprochenes wort kein gesprochenes wort nein nein nein ja ja ja das ist alles superwahr super-mega-ultra-wahr absolut wahr dies ist das das was ist was ist ist wahr keine geschichte keine gedichte kein gesicht kein spiegelgesicht kein spiegel ACHTUNG: DIES IST KEINE MEDITATION! dies ist nur die spiegellose realität

RHEINKNIEBRÜCKE, 05.05.2019 © artÜdorf.de

NAMENLOSE

namenlos
aus erde aufgetaut
in atmosphäre
eingehüllt und
die unendlichkeit
im blick
des spiegellosen
horizonts
so sind wir
das was
sich als gene
in der genesis
bemerkbar macht
und als sich selbst
bewusstes sein auftaucht

RADIKALE RESILIENZ
(WARUM MAN GERNE AUF DEM FRIEDHOF ARBEITET)

das leben ohne ich ist tatsächlich fast derselbe stress wie mit ich nur dass niemand
mehr da ist um gestresst zu sein sondern
das leben höchstselbst seinen eigenen
stress produziert der in jedem moment
irgendwie ausgelebt und bewältigt wird
das ist das echte leben daran gibt es nichts
zu beschönigen denn **der unterschied**
zwischen der ichlosigkeit und dem ich
besteht nur in dieser klitzekleinen ver-
schiebung der aufmerksamkeit von den
gedankenstrudeln hin zur gespürten wahr-
nehmung ohne defusionierten beobachter
der glaubt als vermittler zwischen den
welten aus einer transzendenten distanz
heraus sowohl die dinge als auch den denker
überwunden zu haben ohne zu ahnen dass
diese letzte stimme der sprachlosen leere
nichts anderes ist als alle anderen gedachten
dinge nur dass sie sich einbildet von allem
frei zu sein und das ganze durchschaut zu
haben wie ein gott der irgendwo jenseitig thront
und durch sein unendliches panoramafenster
das universum betrachtet ohne involviert zu
sein aber auch gott fragt sich eines tages
woher seine identität eigentlich stammt
oder wer ihn erfand ja doch auch gott der
allmächtige kriegt irgendwann aus purer
langeweile eine saftige identitätskrise
denn von nichts kommt nichts sodass selbst
das nichts von irgendwo her rühren muss
da es sich selber als etwas wahrnehmendes
wahrnimmt jetzt wird es erst spannend denn
kein weg geht mehr an dieser erkenntnis
vorbei dass hinter den schildkröten die auf
weiteren schildkröten stehen keine geheime
schildkrötenfabrik zu entdecken ist sondern

jeder gedanke über das sein vom sein selber
fabriziert wird die gesuchte leere das erhoffte nichts die gewünschte unendlichkeit
der verzweifelt ersehnte innere frieden
findet nicht außerhalb der normalen realität
in einer virtuellen abstraktion statt sondern
ist der natürliche zustand der gesamten
existenz in ihrer fähigkeit sich im spiegel-
kabinett eines gehirns als existenz bewusst
zu werden das ist die wahre schönheit der
drogenfreien erleuchtung die niemandem
widerfährt dieses unglaubliche rätsel ohne
lösungswort dieses wunder über das sich
niemand wundern kann dieser wahnsinn
der niemand in den wahnsinn treibt dieser
fantasyfilm der den alltag als science-fiction-
blockbuster ohne weichzeichner verrät
dieser stumme schrei einer hohlen nuss die
vom eichhörnchen wie ein kōan geknackt
wird das hüpfen ist es das bäume klettern
das kopulieren und sich im regen verlieren
die krähen verkünden den namen des schwar-
zen quadrats auf dem hügel er lautet weder
pleroma noch abraxas sondern nur rissige
ölfarbe auf schizophrener grundierung
wenn du den angeblichen fuchs im gelände
antreffen möchtest musst du früh genug
aufstehen und deine eigene wildheit spüren
dann siehst du den leeren tanz der moleküle
im verdunsten des sonnenaufgangs über
dem fischteich wo das flimmern der luft
den fuchs und der fuchs das flimmern trinkt

KEINE DATENRETTUNG MÖGLICH
(BEI MECHANISCHEM DEFEKT)

ich spiele tot das ist das letzte das
ich tun kann bevor ich tot bin und es
fühlt sich gut an einfach weg zu sein
das ganze nervenkostüm deaktiviert
die hochkomplexe identität gelöscht
die sinne befreit von sämtlichen
erinnerungen und der rest an echten
empfindungen nur noch an der
konkreten gegenwart orientiert ohne
die eingebildete person die etwas
vermissen könnte oder darunter leidet
dass all ihre errungenschaften zunichte
gemacht wurden all ihre gedanken
gefühle und menschliche mühe die
erkenntnisse über den sinn des lebens
für eine nachwelt zu dokumentieren
die nun niemals erfahren wird dass
dieses lebenswerk überhaupt existierte
und trotzdem den weg weitergeht der
mit der sonne beginnt dann die wolken
beim namen nennt und mit dem mond
eine pause einlegt bis das gesamte
universum in sich zusammenfällt weil
letztlich das dasein selbst nach einer
unendlichen phase des vorhandenseins
alle datensätze in die abwesenheit reißt

Christian Holzapfel (geb. 9.2.1937)

Wer bin ich

Auch unsere eigene Identität ist nicht so gesichert. Die Atome und Moleküle, aus denen ich bestehe, sind sicher nicht mehr dieselben wie vor sieben Jahren. Der Metabolismus des Organismus sorgt für einen ständigen Stoffaustausch mit der Umgebung. Wir behelfen uns damit, zu sagen, dass unsere Identität nicht durch unseren Körper gegeben ist, sondern durch die Strukturen, die unserem Körper eigen sind, vor allem durch unsere geistigen Strukturen, die durch unser Gehirn festgehalten werden, obwohl unser Gehirn genauso dem metabolischen Austausch mit der Umgebung unterliegt. **Dieses Überdauern der geistigen Strukturen erleben wir als Erinnerung. Aber wir geben diesen Strukturen einen Namen, der dann in der Personalakte festgehalten wird.** Die Personalakte unterliegt normalerweise keinem Austausch, dort wird nur gesammelt – sie bleibt ewig – und setzt Staub an.

DAS BEWUSSTSEIN BENÖTIGT KEIN ICH
(Eine Erfindung des Sprachzentrums)

Wenn das Bewusstsein kein Ich mehr benötigt, um zu denken, zu fühlen, zu hören, zu sehen, zu riechen und zu schmecken, dann ist da niemand mehr, der alles auf sich bezieht. Dieses *"Sich"* ist eine Erfindung vom Sprachzentrum, um sich einzubilden, dass da jemand wäre, der denkt, fühlt und so weiter. Aber wenn das Bewusstsein kein Ich mehr benötigt, um alles wahrzunehmen, was DA IST, dann ist da niemand mehr, der alles auf sich bezieht. Dieses *"Sich"* ist eine Erfindung vom Sprachzentrum, um sich einzubilden, dass da jemand wäre, der denkt, fühlt, hört, riecht und schmeckt. Das Bewusstsein benötigt kein Ich, um *"bewusst"* zu sein. **Wenn das passiert, dass da niemand mehr ist, dann nimmt das Bewusstsein alles WAHR, einfach WAHR. Alles. Ist. DA.**

DIE 3 GROßEN FRAGEN
(rückwirkend aus biografischer Sicht)

Vor 40 Jahren wohnte in diesem Körper hier ein junger Mann, der so schmerzhaft unter 3 großen Fragen litt, dass er sich sehnlichst wünschte, Erleuchtung zu finden, die ihn von der quälenden Suche befreien würde. Diese Fragen lauteten: *1. Wer bin ich? 2. Was ist der Sinn des Lebens?* Und *3. Was ist Gott?* Was der junge Mann damals allerdings nicht ahnte, ist dass die Wahrheit genau umgekehrt sein würde, nämlich dass es die Person gar nicht gibt, die unter diesen Fragen leidet. Damit erledigt sich auch die Beantwortung der Fragen. Es gibt niemanden mehr, der diese Fragen hat geschweige denn Antworten darauf bräuchte. Das ist so krass, Leute. Das ist ehrlich so krass. **Die Frage *"wer bin ich"* wird vom Ich selber erfunden.** Die Frage *"was ist der Sinn des Lebens"* folgt automatisch aus der Frage *"wer bin ich"*. Denn: wenn ich sein sollte, dann muss ich auch wissen, welchen Sinn ich habe. Aber damit einher geht auch die dritte Frage *"was ist Gott"*. Denn: wenn es das Ich gibt und dieses Ich einen Sinn im Leben findet, dann muss dieser Sinn auch einen Sinn haben. Und den nennen die Menschen dann Gott: der Sinn des Sinns. **Gott ist der Sinn des Sinns des Ichs.**

URSCHIZOPHRENIE:
DER GLAUBE AN EIN ZENTRUM DER WAHRNEHMUNG

Die Urschizophrenie besteht im Glauben, dass die Wahrnehmung ein Zentrum hätte, das alle Sinne kontrolliert. Dieses Zentrum nennen die Menschen wahlweise *Quelle, Selbst, Gott, Nichts, Leere* oder sonstwie. Alles Mumpitz! **Das Denken denkt von alleine. Das Fühlen fühlt von alleine.**

DAS UNIVERSUM IST EINE SACHERTORTE
(ALLES IST IDENTISCH)

Für das neue Identitätsgefühl ohne Ich ist es schwer, Sätze zu konstruieren, die diesem Lebensgefühl entsprechen. Unsere Sprache möchte am liebsten immer mit dem Wörtchen *"ICH"* beginnen: *"Ich bin"*, *"ich habe"*, *"ich möchte"*, *"oh, ich würde so gerne"*, *"ach, ich hätte doch"*, *"ich könnte"*, *"ich dürfte"*, *"ich sollte"*, *"ich bin der, der..."* und *"du bist der, der..."* Wenn da aber kein Ichgefühl mehr ist, sondern das Gefühl für das Ganze einfach durch die Sinne entsteht, die alles wahrnehmen, und Identität damit zu tun hat, IDENTISCH zu sein: die Augen beim Schauen, der Mund beim Sprechen, die Hand beim Trallala machen – **alles ist das, was es ist: ALLES IST IDENTISCH. Dieses Identitätsgefühl ohne Ich nimmt einfach alles wahr, was die Sinne wahrnehmen. Alles, was die Sinne wahrnehmen, ist absolut wahr.** Nichts dahinter, nichts dadrüber oder dadrunter oder dadurch oder dadrinnen. Wenn niemand mehr dadrinnen ist, dann ist auch niemand mehr dadraußen. Da ist einfach nur alles, alles, was sich wahrnimmt. Das ist das ganze Sein. Das in Worte auszudrücken, ohne das Wort *"ich"* zu benutzen, ist tatsächlich in unserer Sprache sehr schwierig. Von daher möchte solch ein Mensch am liebsten gar nicht sprechen. Und wenn, dann klingt er so, als versuche er etwas unglaublich Heiliges zu sagen. **Und das ist so lächerlich, weil das Ganze ohne Ich überhaupt nicht heilig ist. Es IST einfach. Das ist tatsächlich alles.** Keiner, der geboren wird, keiner, der stirbt, keiner, der tut, keiner, der will, keiner, der redet, keiner, der denkt oder fühlt oder sagt oder glaubt. Alles nimmt sich gegenseitig wahr. Das Universum ist eine sehr verrückte Sache – eine Sachertorte!

Satsang-Satire 05 (18.8.2023)

GOTTES- & ICH-PSYCHOSE
(Substantivierungsneurose Teil 2)

Die Psychiatrie kennt ja so witzige Phänomene wie z. B. die Gottespsychose, die ja eigentlich gar keine Psychose ist, sondern der natürliche Zustand der ganzen Materie. Aber wenn ein Mensch glaubt, GOTT zu sein, hat er eigentlich eine ganz andere Psychose, die von der Psychiatrie ignoriert wird: die ICH-PSYCHOSE, also wenn ein Mensch glaubt, ein Ich zu sein bzw. zu haben. Der entscheidende Punkt an diesem wirklich witzigen Phänomen ist die damit einhergehende *Substantivierungsneurose;* denn: **wenn ein Mensch glaubt, ein Ich zu sein oder zu haben, dann glaubt er auch automatisch, dass dieses Ich alles Mögliche haben oder auch sein könnte, u. a. Gott.** In diesem Fall ist aber dann nicht der natürliche Zustand der gesamten Materie gemeint, sondern ein Objekt, ein Gedankenobjekt. Der Mensch mit einem Ich glaubt, sein Ich hätte etwas erkannt und würde es dementsprechend besitzen, z. B. das Gedankenobjekt *"Gott"*. Dann behauptet dieser Mensch von sich: *"Ich bin Gott."*

Als YouTube-Videos:

Satsang-Satire 01: "BEWUSSTSEIN BENÖTIGT KEIN ICH" (Eine Erfindung des Sprachzentrums) @ÜBER-ICH.de offline SPIRIT

Satsang-Satire 02: "URSCHIZOPHRENIE: DER GLAUBE AN EIN ZENTRUM DER WAHRNEHMUNG" @ Über-Ich.de offline SPIRIT

Satsang-Satire 01+02 (26.+28.7.2023): "URSCHIZOPHRENIE" (EINE KURZE ERLÄUTERUNG DER... Chauffeur für Grabbesucher und bei Beerdigungen

Satsang-Satire 03: "DIE 3 GROßEN FRAGEN" (rückwirkend aus biografischer Sicht) @Über-Ich.de 2.8.2023 DIGITALASSISTENZ.de

Satsang-Satire 04: DAS UNIVERSUM IST EINE SACHERTORTE (ALLES IST IDENTISCH) @ Über-Ich.de...
Chauffeur für Grabbesucher und bei Beerdigungen

Satsang-Satire 05: GOTTES- & ICH-PSYCHOSE (Substantivierungsneurose Teil 2) @ Über-Ich.de 18.8.2023 Visionärer Content für den Digitalakt 2.0

Bücher von Tom de Toys zur Nondualität . . .

. . . und deren Anwendung in diversen Bereichen:

Teil 1 ist ebenfalls im Buchhandel lieferbar:

DAS TABU DER PSYCHIATRIE

DAS EGO IST DAS TRAUMA !

Identitätswahn durch Urschizophrenie

w w w . Ü B E R – I C H . d e

Rezension der Liga der Leeren (LDL), 16.1.2022

Lesetipp! Unser Gastautor De Toys erklärt in seinem Buch *"Das Tabu der Psychiatrie"*, inwiefern das Weltbild der modernen Psychiater *"psychische Probleme"* durch deren Ego-zentrische Reduktion von Traumata auf die Behinderung des Egos niemals den erwünschten *"inneren Seelenfrieden"* erreichen kann: weil sie nur die Wunden behandeln (und sich dadurch in eine nie endende Suche nach *"Urfantasien"* als Initialzündung verrennen) – anstatt danach zu **forschen, WER die Schmerzen eigentlich HAT. Die Antwort des Autors ist simpel: nur das Ego, während der Mensch an sich nicht sein Ego IST, sondern die gesamte ich-lose Bewusstheit des Seins durch die Augen des Individuums!** Wer die Bücher der LDL nicht versteht, wird hier eine gut lesbare Alternative finden, um die eigene Disidentifikation von der Disidentifikation von der Disidentifikation von der... voranzutreiben und eventuell hinter dem ewigen Horizont in die nonduale Offenheit zu gelangen, die für das Ego immer jenseits der verschlossenen Paradiespforte verborgen bleibt, auf deren kaputten Klingelschild der Name *"Prof. Dr. Paradoxus"* steht.

Foyer der Zentralbibliothek des Forschungszentrums Jülich, 12.2.2025

BÜCHER DER LDL UND DES GASTAUTORS:

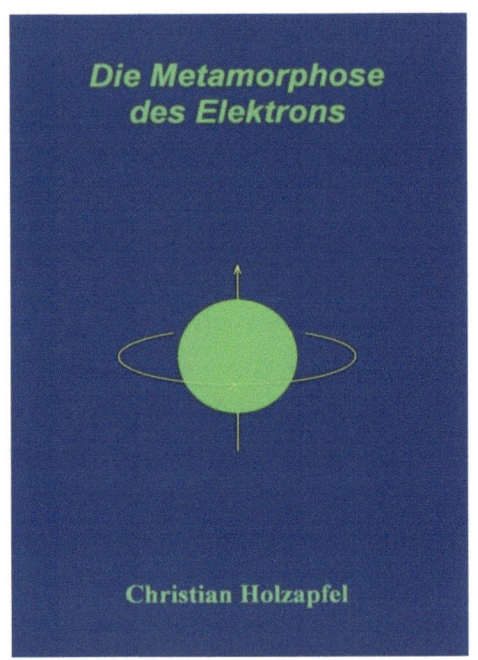

URRUHE.de / RUHEENERGIE.de

Weiterführende Websites:

www.G-GN.de
www.5G-FLAT.de
www.EUTOPIE.de
www.LIVELYRIK.de
www.OFFSZENE.de
www.NULLNERD.de
www.NULLYOGA.de
www.URRUHE.de
www.POPPOESIE.de
www.LOCHISMUS.de
www.POETRYCLIP.de
www.NONDUALIST.de
www.ÜBER-ICH.de
www.NEUROSMOG.de
www.POESIEPREIS.de
www.REFORMPAKT.de
www.NEUROSMOG.de
www.INWESENHEIT.de
www.DEMENZYOGA.de
www.THERAPIETRIP.de
www.SOMATOFORM.de
www.NONDUALJAZZ.de
www.POPLITERATUR.de
www.QUANTENLYRIK.de
www.RUHEENERGIE.de
www.DIGITALASSISTENZ.de
www.FRIEDHOFSFAHRER.de
www.NEUROGERMANISTIK.de
www.BETREUUNGSALLTAG.de
www.LYRIKPERFORMANCE.de
www.POESIEPERFORMANCE.de